Living a Life That Matters:
Resolving the Conflict between Conscience and Success
HAROLD S. KUSHNER

人生の8つの鍵

ユダヤの知恵に聴く！

ハロルド・S・クシュナー
［著］
小西康夫
［訳］

YOBEL,Inc.

LIVING A LIFE MATTERS
by Harold S. Kushner

日本の読者へ

自分は今までどう生きてきたのか、と、ふと考えるときがあります。どういうときでしょうか。

それは、まず、衣食住が満たされ、安定した生活の中で、誰もが生きていることに思いを馳せたくなります。

さらにビジネスで成功した人でも充実感がなく、自分の人生を振り返って、これまでの人生よりも、これからの人生のほうが短くなってくると、後世に何か残せるものがあるだろうかと考えてしまいます。

そして、お金儲けに膨大な時間やエネルギーを費やし、しゃにむに生きてきて、これでよかったのかと気がつき、遅まきながら、何を大切にしなければならなかったかとハタと思うのです。

こういった場面に直面したら、ちょっと本書をめくってみてください。何か見つかるはずです。その一助となれば幸いです。

ハロルド・S・クシュナー

新版訳者まえがき

これは、聖公会出版（２０１６年解散）から２００５年に出版された『天国に行くための８つの知恵』を改題、改訳を施し、再出版するものである。

特筆すべきは、『天国に行くための８つの知恵』の題名のもと、２０１６年度広島大学総合科学部文系（前期）入試問題に本書の文章（82～85頁）が出題されました。また同じ文章箇所が２０１６年度（九州版）高校教員研修プログラムで小論文の方法の課題としても取り上げられました。

原書の初版が出版された２００１年の年の9月11日には、米国でテロが起こり、米国はパニックに陥りました。クシュナー氏は第二版（２００２年版）で「9月11日以降、世界はどのように変わったか」を追加執筆されました。最後のところで、「私たちが世界の痛みと不公平に直面するとき、神は、一人で事に当たらなくてもよい、一緒に歩もうと、約束されました。」

と述べておられます。

このヨベル版が発行される2021年は、2020年から続く、COVID19（新型コロナウイルス）で世界中がパンデミック（感染爆発）の恐怖に晒され、収束する気配が感じられず、先が見えない闇に暗澹（あんたん）たる思いにさせられている年である。この時期だからこそ、この書を再出版することが必要かつ意義のあることで、何らかの形で勇気を与えられればとの願いもあり、この見えない恐怖におののくことなく、必ずや収束することを信じ、コロナに負けず、歩んでいきたいと願うものである。

前書で共訳者であり、他界した井内邦彦氏も、再発行には天国で喜んでくれていることだろうと思う。

出版するにあたり、2014年に定年退職された聖公会の長谷川正昭司祭のご助言がなければこの書は再度日の目をみることはなかったであろうこと、また、安田正人ヨベル社長にお世話になり、特に校正面ではひとかたならぬ尽力をしていただき、ここに心より感謝の意を表したく存じます。

2021年6月

小西康夫

はじめに

生きる支えがほしい。よりよく有意義に生きたい。充実した生き方がしたい。いやもうすでに実感している方ももちろん大勢いらっしゃるでしょう。でも、ただ、どのようにしたらいいのかと思案されているかたも多くいらっしゃることでしょう。そこで、何かヒントになればと思い、本書を執筆した次第です。

表紙に私の名前だけが著者として載っていますが、実際は支えてくれた多くの人の知恵と労力の賜物です。

幸運にも、ジェームズ・H・シルバーマン氏が編集の仕事をしてくれました。そして、本書の全てのページが氏の洞察と助言で見違えるようになりました。また、ジョナサン・シーガル氏は鋭い視点と熟練した目で原稿を見てくれたこと、今回も非常に有能なエージェントのカーティス・ブラウン社のピーター・ギンズバーグ氏が仲立ちしてくれたこと、妻のスッゼッテは、執筆がうまくいっているときはもちろん、うまくいかないとき、いつも励ましてくれ、じっと我慢して勇気づけてくれたこと、たくさんの友人が本書の構想を練るのを助けてくれたこと、すべてのことに心から感謝の意を表します。

最後に、本書を4歳になる孫娘のチーラにささげたいと思います。前作2冊は両親と兄にささげましたが、今度は彼女の番です。彼女は二番目の子どもで、「私の番よ」はチーラの最初に発した言葉の一つですから、「自分はなくてはならない存在だ」という本書のテーマにぴったり合致しています。本書が孫娘と読者の方々の願いが叶う手助けになれば幸いです。

人生の８つの鍵　ユダヤの知恵に聴く！

目次

第1章　二つの声

二つの世界に生きる

誰もが二つの世界に生きています。

それは、膨大な時間が仕事、取引、食事、支払いなどに費やされる世界です。

それは、外見、容姿、生産性、などによってあがめられる世界です。

それは、勝者をたたえ、敗者をさげすむ世界です。

仕事熱心でも選挙に負けた議員への処遇や、オリンピック等の勝敗の結果が掲載された新聞記事等をみればわかります。「銀メダルは敗者、金メダルこそが勝者」。他の競技と同じように勝者よりも敗者のほうが圧倒的に多いので、競技の世界では自分が他人より劣っていないかといつも不安に感じています。

しかし、幸いなことにそれとは違ったもう一つの世界があります。私は宗教に人生をささげた人間として、信仰の世界に生きています。それはまた、精神の世界でもあります。そこでのヒーローは競争の勝者ではなく、深い思いやりを持った人間です。そこでは、献身と自制によって勝利を勝ち取ることができるのです。その人の弱点を見つけて相手を打ち負かすのではなく、隣人を助け、その人と共感しあって勝利を勝ち取るのです。精神の世界では、敗者よりも勝者の数のほうが多いのです。

私も若いときは「手に入れたものを吐き出す」という生活にほとんどの時間とエネルギーを費やしていました。

競争は楽しみで、挑戦を受けると意欲が湧きました。自分がどれくらい優れているか、自分がどの位置にいるのかを知るには、それが一番よい方法です。精神分析を発展させた精神医学者カール・ユングは「若者の一生の第一幕は、世界征服に乗り出す物語」と言いました。私もこれを地でいくような生活をしていました。

もちろん、そのような生き方をしたのは私だけではないでしょう。大方の人が同じような生き方をしていたと思います。例えば、隣家の息子さんがプロ野球選手として数年間全国的に注目を集めていましたが、怪我をする危険を冒してまでも選手生活を続けたのはお金のためではありませんでした。それは、挑戦、競争、さらにほかの選手よりも優れていることを示す機会のためでした。

私は、若いころに、ここでいうその第二の世界に出会うことができました。それは、信仰の世界で、いわば別荘のようなものです。再び、臨戦態勢に入れるように競争社会でのストレスを癒すために引きこもる場所なのです。時には、それは私の第一の世界と大差がないように見えました。しかし、そこでは、人は別々のルールで暮らしていたような感じがします。老人は知恵と経験、あるいは古い考え方、価値観によって敬意を払われていましたし、富や格好の良さではなく、慈しみ、寛容に満ちた人が「立派」だと言われていました。そのような状況では、「成功」とは別の意味合いを持っていたのです。

人生が夢をあきらめて、だんだん自己の限界に直面する展開になってくる（ユングはさらに続けて、「若者の一生の第二幕は、若者が世界征服は自分には歯が立たないと認識する物語」）ように、自分が第二の世界にだんだん戻っていることに私は気づきました。恩師のアブラハム・ジョシュア・ヘッシェル先生の次の言葉もよく思い出します。「若い頃は賢い人を尊敬するが、年齢を重ねていくにつれて親切な人を尊敬するようになる」。

私の人生を振り返ってみると、二つの基本的な人間の欲求があって、一つは成功を収めて偉くなったと感じたい欲求、もう一つは自分を善人と認めてもらいたい欲求、この二つの世界を行き来していました。

私たちはこの世ではなくてはならない存在であり、世間では一目置かれていると自覚する必要があります。

最近読んだある女性の回顧録で、彼女は病気で一日学校を休んだ日のことを綴っています。窓外の騒音を聞いて、自分がいなくとも世界は動き、自分を必要としていないことに気がついて愕然としたのです。敬虔な信者として育ったその女性はその後、所属する教会の中心的な存在になりいろいろな組織に積極的に参加し、飢えた人たちの救済活動にも参加しました。その話を読んで思ったのは、その女性は世間に認められていないのでは、という子ども時代の不安を克服するために、世の中でなんらかの重要な地位を占めていると再確認したくて活動していたのではないかということでした。私はラビ（訳注・ユダヤ教の教師の敬称であり、またヘブライ語で「我が主人」の意。）として40年の間にたくさんの人の臨終に立ち会いましたが、ほとんどの人は死を恐れませんでした。高齢で長寿に恵まれ満足した人生を送ったと感じた人もいましたし、病気でひどい痛みに悩まされていて、死だけがその痛みから解放してくれるという人もいました。死を迎えて、最も割り切れない人は自分の人生で何も立派なことをしなかったと感じた人でした。もしも神があと2、3年の猶予を与えていたら、おそらくそのような人たちは有意義な人生を全うしたことでしょう。そのような人々が恐れているのは死ではなく、自分が小さな存在でしかない、死んでしまえば世の中に何の足跡も残せないという不安でしかなかったのです。

取るにたらない存在

私たちは偉いと思いたい欲求があるので、肩書、オフィスの大きさ、ファースト・クラスの旅行などの見栄に非常にこだわります。偉い人に声をかけられたら、異常に喜び、かかりつけの医者や所属協会の牧師が挨拶もしないで通り過ぎたり、近所の人に間違って兄や弟の名前で呼ばれたりすると傷ついてしまいます。私たちは世の中でひとかどの人物だと思ってもらいたい、知ってもらいたいと思っているので、医者や研究者は病気の治療法を見つけようと長時間顕微鏡と格闘します。発明家や起業家は世間が必要とする商品を開発しようと夜遅くまで仕事をするのをいといません。美術家、小説家、作曲家はもってこいの色、言葉、音をみつけて世の中に美の奥行きを広げようと懸命になります。そして、一般の人は自分の名前や写真が地元紙に載ると6部も買ってしまったりするわけです。

また、私たちは取るにたらない存在である状況に何度も遭遇します。例えば、お店ではお客の名前など知らないし、知ろうともしないでしょうし、乗客でいっぱいの電車や飛行機では、私たちが乗らなければ、別の人が代わりに乗るということは誰でも分ります。そのような状況では、自分が重要人物だということを見せつけるために極端な行動をとる人もいます。自分を取るにたらない存在だと見ている世間には間違っていると知らせるのが主目的で、リー・バービィ・オズワルドがケネディ大統領を狙撃し、またジョーン・ヒンクレー・ジュニアがレーガン大統領を射殺しようとしたのは理解できます。彼らは違う意味で歴史を変える力を持っていました。これ程極端ではない行動でも、悪名を名声、あるいは名声と偉大さを錯覚している人がいます。ギネスブックに名前が載るなら極端なこともするし、日中堂々とテレビ番組に出演して自分や家族について牧師（宗教家）や親友にでさえ恥ずかしくて言えないことを平気で告白したりもします。そのような人は哀れに映るでしょうし、聴衆からばかにされるでしょう。しかし、一時間の間、彼らは何百万人という視聴者の注意を引き付けるのです。まさに有名人です。

同時に、私たちは善人だと自分に納得させる必要があります。数年前 How Good Do We Have to Be?（邦題：『現代のアダムとエバへのメッセージ —— 家族・男女のきずなの新しいとらえ方』サンパウロ、2006年）という書を著しました。神は私たちに完璧を求めていないのですから、私たちも自分自身や周りの人に完璧を求めてはいけないという主旨でした。それは神が私たちの人生は非常に複雑な物語であることを知っていて、やむにやまれず誤りを犯したとしても愛してくれるからです。この本についての講演のために全国を回ったとき、ある面白いことを何度も経験しました。

欠点があって、失敗を犯しても、それでも神は私たちを愛してくれると言うと、話を聴きに集まったほとんどの人が喜びます。しかし素直に喜べない人が結構いるのです。本当は神からも、他人からも愛されていると信じたいのが本音です。それも取ってつけたような理由ではなく、ふさわしい理由がほしいのです。「利己的か、寛容か、正直か、不誠実か」という選択を神が気にかけていると信じたいのです。そして、正しい選択をすれば世の中はよくなると信じたいのです。それは大学生が一生懸命に書いたのだから、提出したレポートを教授にしっかりと綿密に読んでもらいたいと思うのに似ています。話を聴きに来た人々は道徳的な生活をしてきたと感じていました。神は人間の弱さに対して寛容だと望むかもしれませんが、前出の大学生と同じようにその答えにはいたく失望するでしょう。それはそれでいいのです。皆さんには過大な期待をしていないのですから。私は答えを求められたとき、神は二つの声で話しかけていると確信しています。

その声の一つは山頂から「汝、……するなかれ」と発する厳格で威厳のある声です。私たちにもっと心を豊かに、さらに思いは高く、目標は大きくと呼びかけています。「人間は弱いものですから間違いもあります」と言い訳することを許しません。それは人間の存在自体が完璧だからです。

神のもう一つの声は深い思いやり、寛容性を持っています。それは私たちを包み、心を洗浄してくれる声です。目標を高く持ってそれが貫徹できなかった時でも愛されていると感じられると安堵できます。神は私たちが誘惑に負けたときにもそれが一時の過ちで、真の人格の反映するものではないと分ってくれるのです。

父の愛、母の愛

数年前に、エーリッヒ・フロム（Erich Seligmann Fromm, 1900 - 1980）は The Art of Loving『邦題：愛するということ』（紀伊國屋書店、１９９１年）という小冊子を著しましたが、その中で、「母親の愛」と「父親の愛」を区別しています。ただし、「母であっても父の愛を持つこともあり、逆に父であっても母の愛も持つことがある」と強調されています。母親の愛は「お前は私の血を分けた子だからどんなことがあっても愛します。何があってもお前に対する愛は変わりません」。一方、父親の愛は「私の愛と尊敬の念は勝ち取るものだ」（例えば学校の成績がよくなる、スポーツのチームの一員になる、よい大学に入学する、高給を取るなど）。

フロムは誰でも二つの愛を経験する必要があると説いています。一見すると母の愛は優しく惜しみなく与えられ、それに対して父の愛は厳しく、「もしも～ならお前を愛そう」という条件付きの愛だと思うかもしれません。

しかし、私の話を聴いた人々が気づかせてくれたように（ちょっと考えればわかることですが）、ときには父に愛されるのは自分がその愛に相応しいからで、寛大さと寛容性だけではないと思いたいのです。

人々は子どもが現世の親から叱責を受ける必要があるということを神からも聞きたいのです。子どもが悪さをしても、許され、親の愛が気まぐれでないと分ることは、必要な経験であるし、大きな心の支えにもなります。子どもはその教訓を頭に叩き込んで成長していかなくてはなりません。同様に、神の愛は一過性のものではなく、私たちが失敗しても神から見捨てられることはない、と知るのは信仰を強めるのに重要な役割を果たします。同じような理由で、カトリック教会には懺悔と告解のサクラメント（訳注・秘蹟。カトリック教会には七つの秘蹟がある。）がありますし、プロテスタントの教会の礼拝では、教会は過ちを犯した人々の安息の場所だと強調されているのも同じ理由からです。罪を悔い改める「贖罪の日」もユダヤ教の行事の中で最も聖なるものですが、これも同じ理由からです。

罪の意識で苦しんでいる時、悪行を犯した自分に嫌気がさしているとき、私たちは母としての神の声を聴く必要があります。そうすればどんなことがあっても神の愛を失わないと分ります。しかし、私たちが善人になろう、正直者になろう、寛容な人間になろう、と努力したときに「私は優しく寛容だからどんなことがあってもお前を愛する」と言われても物足りなさを感じます。「よくやった。さすが、俺の息子（娘）だ」という父として神の声が欠けているからです。

私はこれまで、職業柄たくさんの助言を与えてきました。しかし、大人になってから「さすがだ、ほめてやるぞ」という父の声を聴かずには気持ちが満たされず、自分の価値に疑問を感じてずっと暮らしてきた男女がどれだけいることでしょうか。以前、私の会衆に父を亡くしたある男性がいて弔問に行ったことがあります。葬式や追悼式は両親が住んでいた別の町で行われました。彼が家に戻ったその夜に訪問しましたが、私が唯一の訪問客でした。しばらく葬式や母親の様子などを聞いた後で、私はなんとはなしに言いました。「お父さんは自分の感情を内に秘める人だったようですね」と。

その男性はそれを聞いて泣き崩れました。「父にほめられたことがないのです。ずっと父に、私の人間性や生き方を誇りに思っている、と言ってもらいたかったのですが、父にとっては私に何も言わないのが愛の表現としか思っていませんでした。」彼は涙を拭いて、次のように言いました。「頭の中では父が自分の気持ちを語るのが苦手だと知っていたし、父のやり方は私が立派な人間になるには正しい方法だと分かっています。でも心の中では騙されたような気がしています。私はいつも学校ではよい成績を取りました。問題を起こすこともなかったし、よい大学にも行きました。

よい暮らしもしていました。立派な家にも住みましたし、家族にも恵まれていました。

どうして一度でもいいから父は『おまえのことは誇りに思っている』と言ってくれなかったのでしょうか。でもその父は亡くなり、その願いもかないません」。

私は問題が父親にあるのではなく、その男性の問題でもない、と彼に言いきかせようとしました。その父親は自分自身の気持ちがよくわからず、ましてや言葉で表現できない古い世代の人間なのです。彼の父親は大恐慌時代に当たる1930年代（昭和5年）に育ち、おそらく当時は思いやりのある優しい人間は取り残されてしまうことが多いので、そのような状況では優しくない面に硬い殻をかぶせるしかなかったのです。父親が愛情や思いやりを言葉以外で見せたことがないかどうか思い出してみなさいとすすめました。それがうまくいったかどうか分かりません。その男性は父親の愛――お前が成功したから愛する――を感じることなく、常に物足りなく思い、誰か心の許せる人にそのことを教えてもらうまで努力、葛藤を続ける無数の男女の中のひとりで、それは一生続くのかもしれません。

善人とは

人々は自分が善良な人間だと言葉で聞く必要があります。自分の善良さに百パーセント自信がない人は特にそのような言葉が必要でしょう。おそらくキリスト教の教会やユダヤ教の会堂（訳注・シナゴーグ、ユダヤ教の祈り、学習、集会の場）は夫や妻、親、年老いた両親を持つ子どもが自らの行動に気を病み、神の家で歓迎してもらえると切に望んでいる人にとってはまたとない場所です。富豪のビジネスマンが「その年の功労者」として、キリスト教の教会、ユダヤ教の会堂、その他の団体から表彰され、たった25ドルの盾を後生大事にするのはそのためでしょう。例えば慈善団体に寄付、ボランティア活動など、金銭的には得にならないのに、精神的に充足感があることをするのはそのためです。そのようなことをするのは自分を寛容で思いやりのある人間だと誇示したいからです。最初は人脈作りのためにロータリークラブ、青年社長会などに入ったものの、コミュニティーの活動の方がここちいいと感じて積極的に活動をしているたくさんの人に出会いました。自分の活動についてきまり悪く思うので、言い訳するのはそのためです。私たちの大半は自分が過ちを犯したとき、その対処の仕方として他人のせいにしたり、自分の育ちのせいにしたりして、私たちの行動を正当化しようとしますが、それは私たちが根本的には善人であると思い込みたいからです（正当化は私たち自身に向けられているので、他人に対してはほとんど通用しません）。ハーバード大学教授の心理学者、ジェローム・ケイガンは著書『三つの魅力的なアイデア』（*Three Seductive Ideas*）で、「自分は倫理的に立派だと望むのは誰も同じだ」と述べています。また「2歳の子どもでさえ善悪に対して自分の行動を自己評価し、善人だと思う必要がある」と指摘しています。そのような道徳観を内面に宿していなければ、子どもは社会でちゃんと生きることができないと、ケイガン教授は述べています。

私たちは、大きく法を破った人——凶暴な犯罪者、反社会勢力、銀行強盗など——は不道徳な人間で、社会のルールや他人の評価に関心がない人だと考えがちです。しかし仕事で連邦刑務所の囚人たちと接した友人の心理学者は違った結果を得ました。その友人によると、最初、常習犯は特に道徳的義務感がなく、善悪を考えない人種だと考えていました。しかし驚いたことには、囚人たち同士では非常に厳格な道徳律が定められていました。それはおそらく私たちの道徳律とは違って、私たちから見て感心するような道徳的な規律ではないでしょうし、ましては受け入れられるものではありません。しかし、刑務所という状況で好ましい行動——例えば仲間を売らないなど——がちゃんとあり、道徳的に最低に見られる行動——例えば子どもや女性を痛めつけて入獄した場合——もあるのです。

同じように反社会勢力者たちは私たちから見れば全く道徳的な考慮や一般人の考え方を無視していますが、彼らの内部では掟を破れば、痛めつけられるなど、大変な目に合う危険があります。

どうやら社会の底辺にいる人、またはそれより底辺の人でさえ自分を悪人だと考えるのは耐えられないのです。また、彼らは無罪を主張します。育った環境のせいにもします。自己の行動の道義性について弁護します。マリオ・プーゾ（Mario Puzo, 1920 - 1999）の小説『ゴッドファーザー』でマイケル・コルレオーネは父親のドン・ヴィトーのことを「父は社会の法的制約よりももっと厳しい道徳律で動いていると自負している」と評しているのです。

私たち人間は非常に複雑な生き物です。欲しいものがたくさんあり、様々な感情的欲求もあります。そしてそれは相容れないことが多いのです。困っている人を助けたい、医学の研究を支援したいという思いと、気に入ったものを全部買うお金が欲しいと思うことの2つは両立しません。正しい行動をとりたいと心に決めていれば、相手の気持ちを傷つけてしまったときには謝ることはやぶさかではありません。しかし、自分のイメージを守りたいと思ったり、自己の正当性にとらわれたりすると自分の行動ではなく、相手の神経質すぎる性格が問題なのだと自分に言い聞かせることになります。善人だと思いたい欲求と、偉い人だと認められたい、という欲求が相反する場合はどうなるでしょう。両方の行動をとることは可能でしょうか。世の中に何か影響を与えたいと頑張るあまり、どれほど信じる価値観を捨て良心に背いたことでしょうか。選挙となると候補者は自己の価値観を曲げてでも資金を集めて、票を得ようとします。セールスマンは商品の特徴を大げさに並べ挙げます。医者、弁護士、実業家は職業的にも金銭的にも成功を収めようと家族を犠牲にします。私たちは自分のしていることが間違っていると何度思ったことでしょう(しかし、何度かそのように思ってもすぐに忘れてしまうのが驚きですが)。

しかし、仕方がないと自分に言い聞かせています。それが私たちが住んでいる世界で、その中で何とか生きようとするための代償なのです。

これが人生での大きなジレンマでしょう。自分は自ら善人だと思いたいし、そう思う必要があるのです。しかし、時には善良さを否定するような行動をとってしまうことがあります。この世界をもっとよい世界にしてこの世を去りたいと思っています。しかし、往々にして偉い人間になろうとするあまり、世の中に貢献するのではなく、失敗をまき散らしたのではないかと思い悩むことがよくあります。私たちの精神は二つに分裂しています。

一つは善良さを求めることで、もう一つは名声と富を追い求めるけれど、その過程で問題のあることをしてしまうことです。もちろんその二つが全く違った道筋なのは承知の上です。自分のイメージとしてはピントの外れた写真のようなもので、鮮明な写真ではなく少しぼやけた二つの像です。私たちは生きていくうえで、自分は善人だと思って安心したい、偉い人間だと言われて満足したいという気持ちから、願望と気持ちと叱責という相容れない溝を埋めることに膨大なエネルギーを費やします。

尊敬される人とは、ギャップを埋め、その葛藤を克服した人物であることが多いのではないでしょうか。私たちが読む伝記、特に次の章で扱う伝記にはこの二つの願望——善良でしかも立派でありたい——を調和させようと努力した人の話です。二つの目標を成し遂げることを願って、その生き方を検証しますが、単に情報を得るだけでなく、いかにしてそれを可能にしたかを掘り下げてみたいと思います。

第2章　負けるが勝ち

ヤコブの物語——二人の兄弟の生き方

その夜、男は一人でした。恐怖を感じさせるような暗闇でした。あたりには人影はありません。逆にそれなら安心だと自分に何度も言い聞かせて、不安を取り除こうとしました。その時、いきなり背後から捕まり、地面に叩きつけられました。ずっと体力仕事をしてきたので腕力には自信がありました。しかし、相手も負けず劣らず屈強な男で、朝になるまで戦い、もみ合い、格闘が続きましたが勝負はつきません。自分と対等に戦うこの男は一体何者なのだ、どこから来たのだ、何の恨みがあるのだ。そして、夜明けの曙光が差してくると、その不思議な男は絡ませた足をほどいて体を離しました。汗まみれになった二人はぐったりして、対等に戦ったことを賛美するかのように畏敬の眼差しで見つめ合いました。最初の男は数時間前の自分とは違う自分を発見しました。

これは警察署の事件簿に出てきそうな話ですし、警備員の口から聞くような話でもあります。先週起こった話かもしれないし、1千年前の話かもしれません。しかし、これは聖書の創世記32章にある話なのです。この話の中でヤコブが天使と格闘した経緯と、名前をヤコブ（＝策略家、策士）からイスラエル（＝神と格闘する者）に変えたことが語られています。

ヤコブは聖書に登場する中で一番面白い人物です。聖書に登場するどの人物よりもよく知られています。創世記ではヤコブにどの家長よりも多くのページをさいています。彼は聖書の中に子ども時代、青年時代、成人した夫、父親の時期、死を考える老年期を通して登場します。そして、両親、兄、妻たち、義父、子ども、また祖先の神と交わる様子が記述されています。善良さを身に付けるために善人の伝記を読みたい、人生を有意義なものにする方法を知るために立派な人間の生き方に触れたい、神とともに生きるとは何かを知りたいという場合には、聖書はどんな書物にも勝る知恵の宝庫だと思います。まさに、ヤコブの物語とその教えを理解するのに勝るものはありません。

物語はまず祖父アブラハムから始まりますが、アブラハムのすべての生き方の基本は、多神ではなく唯一神信仰で、この神は人間が正しい行動を取ることを要求しているという革命的な結論に達します。アブラハムと妻のサラはこの信念を二人の間に生まれた唯一の子どもイサクにも伝えます。イサクと妻のリベカは双子のヤコブとエサウをもうけました。リベカは難産で、お腹の中で二人の赤ん坊が争っていると感じますが、それは二人に一生つきまとう争いの前兆でした。一足早く生まれたエサウは狩人で、野卑で荒くれ男でした。兄の足にしがみついて生まれてきたヤコブ——このことから「策略家」を意味するヤコブと名付けられたのです——はおとなしい人間でした。

双子の兄弟にはよくある話で、一人の性格を二つに割って双子に与えられたか、あるいは子宮の中で一方が一人の性格の半分を自分勝手にうばい、残りの半分を他方にくれてやったのではないかと思うほど、二人は色々な面で正反対な人間でした。エサウは寡黙な人間で、話をしても言葉数の少ないのが常でした。それに対してヤコブは思慮深くはっきりものを言うタイプでした。エサウは父親のお気に入りでしたが、――それはおそらく机に向かって仕事に明け暮れる現代の父親が、運動選手の息子を通して疑似体験するように――エサウは強くたくましい男で、父親は夢を託したようでした。ヤコブは母親のお気に入りでしたが、それは母親が彼を自分の分身に思えたのと、エサウが両親と似ても似つかぬ人間だったからでしょう。

この兄弟の性格を余すところなく伝えるエピソードがあります。エサウは猟に出てその日は不猟で帰ると、ヤコブがレンズ豆のシチューを作っているところでした。エサウは腹ペコだったので少しもらえないかと言いました。ヤコブはシチュー1杯とエサウの家督権と交換しようと話を持ちかけました。ヤコブが長男となり、父親の死後、財産の大半を取得することになるのです。創世記第25章の最終部分の6節の短いやり取りで、エサウは食欲で動く男、明日を考えず刹那的に生きる男として描かれています。エサウは、人が1食でも抜けば死んでしまうと言わんばかりに、「ああ、もう死にそうだ。長男の権利などどうでもよい」と言い放っています。同時にヤコブの悪賢い部分——既得権としては手に入れならないもの、腕力では取得できないものを利口なやり方で自分のものにしようとするところ——も描かれています。

若きヤコブは文字通り狡猾さを受け継ぐその一人です。腕力ではなく知恵で相手を打ち負かすヒーローで、多くの文化に見られる民話のヒーローなどもその伝説の一翼を担っています。代表的なのが、スカンジナビアの神ロキ、ホメロスのオデュッセイアー（普通、悪賢い・ずる賢いオデュッセイアーと呼ばれている）です。その伝説上にあるヤコブのやり方を、聖書では曖昧な評価しか下していないことです。スカンジナビアの神話はロキが悪知恵を働かせて勝利したことを非難していませんし、ホメロスもオデュッセイアーをヒーローとして低い評価をしている訳でもありません。しかし、聖書ではヤコブの狡猾さは好感を持って受け入れられてはいません。

ある心理学者の話によると、道徳観には二つのタイプがあるといいます。まず、巧妙さと機知の道徳観があり、この種の道徳では巧妙な商取引や巧みな回答で相手を打ち負かし、達成感が得られることですが、下手をすると逆に相手に手玉に取られかねないことです。そして、それが仇となり恥をかくこと、別な言葉でいえば、「してやられた」ことで評価が下がります。二つ目は正義感による道徳観で、ここでは最高の徳は他者に対する思いやりですが、偽りの正義感は他人を傷つけることになります。そして、最大の罰は罪悪感で、自分のしたことに対する嫌悪感です。ヤコブの物語はこの第一の道徳観から第二の道徳観に進展する話です。私たちの生活でも同じような葛藤、成長を目の当たりにするのでヤコブの話に共感します。

聖書の話を続けますが、イサクは年を取って視力を失い、余命があまりないと思いました。ところがそれから20年以上生きるのですが、彼はお気に入りの息子エサウに家長からの贈り物を授けようと考えました。それはエサウを家族の伝統を守る継承者として指名することです。これでわかるのはイサクの失明とは肉体的だけでなく精神的なものであるということです。ヤコブの方が欠点はあっても適任だとイサクは見抜けなかったのです。

そのことについて、リベカは分かりすぎるくらい分っていました。そして、適任者であるヤコブが選ばれるように、ある計略を考えました。彼女はヤコブにエサウの衣服を着せ、毛のない腕に山羊皮をかぶせエサウと同じ感触、においになるようにしました。そして、エサウが猟から帰ってくる前に祝福を受けさせようとヤコブを父のもとにやりました。ヤコブ自身はこの企みには気乗りしませんでした。その企みが悪いことだというよりは、ばれるほうが怖かったのです。しかし、決行し、父を騙して祝福させました。しかし、私たちはヤコブの心が二つに割れていくのが見てとれます。一方では何が何でも手に入れたいという欲求、また一方で策略に翻弄する自分に嫌悪感を持つ苛立ちです。この分裂は時が経つにつれていっそう深まり、天使との悪夢のような格闘で明らかになります。

この話を読んだ人はヤコブの行動を容認できない人が多いことと思います。ヤコブが物語のヒーローだと誰もが分っています。そして、リベカの言い分が正しく、エサウよりもヤコブの方がアブラハムの遺産の相続人に相応しいことも分かっています。しかし、私たちはヤコブがそのような不正なやり方で精神的な祝福を得たのに釈然としません。私たちも成功を収めるのに正しい道を歩けるように、ヒーローには本当のいみでヒーローであって欲しいのです。調べてみると、19世紀の論評で、ある事件に関する面白い心理分析を見つけました。それは東欧のユダヤ教ハシド派（ヘブライ語の「敬虔な者」に由来するユダヤ教敬虔主義的超正統派）のラビが著したものです。ヤコブが父に「エサウです」というとき、それは真っ赤な嘘だとは言えないとラビは指摘しています。彼は心のどこかでエサウになりたいと思っているのです。父の腕力と猟師としての力量を羨望のまなざしで見ています。そして、双子のひとりとして何か足りないところのある人間だと思っているので、自分だけではなくエサウにもなって完全な人間になりたいのです。これに対してエサウはヤコブのもっと頭脳的な能力を身につけようとは全く思っていません。

やがて、その企みは数分でばれてしまいます。エサウが現れ、弟の名前が詐欺師に近い策略を用いたために、詐欺師そのままだとその正体を暴いてしまいました。しかし、時すでに遅く、いったん祝福を与えられたらそれを覆すことはできません。烈火のごとく怒ったエサウはヤコブを殺してやると息巻きました。そして、賢明なヤコブは母親の忠告を聞いて、他国に住む母方の伯父ラバンのもとに逃げました。

天と地をつなぐ梯子(はしご)

自分の行動に恥じた若者ヤコブは怯えます。家から逃げた最初の夜に砂漠で睡眠をとり、夢をみます。

ヤコブは、その夢で梯子が天から地上に降りてくるのを見ます。梯子のてっぺんで神の姿を見たわけではありませんが、神の存在を感じます。そして、神はヤコブに事態がうまく収まり、故郷に無事戻り、今に特別な人間になり立派なことを成し遂げる、と言って安心させます。その梯子が暗示したことはヤコブの人生で重要なテーマになるのです。最初にヤコブに出会うと、必ずしも好感の持てない面がたくさん見受けられます。しかしヤコブの面白さ、また物語に教えられることが多いのはヤコブの成長です。もしも、天と地上をつなぐ梯子がその時にヤコブの求める人間像との距離を象徴するなら、彼の生涯は次元の低い行動から高度な行動に高まり、変装し身分を偽ることではなく、犠牲と成長によってさらに完全な人間になろうと、梯子を必死に登るプロセスだといえるでしょう。

夢が神から与えられ将来を予言するものであったとしても、私たちの潜在意識にある願望から生まれたとしても、ヤコブの夢は大変心強いものであったに違いありません。彼は眼を覚まし神に祈り、もし神が見守ってくれて故郷に無事に帰ることができるなら、全収入の一割、十分の一を神にささげると約束します。

ヤコブは伯父の住むアラムの地（現在のシリア）に向かって歩き出します。ラバンの町の入り口にある井戸端でヤコブはいとこのラケルと出会い、恋に陥ります。ヤコブはラケルに恋をして、そして、結婚したいと思った最初の女性だと聖書の中で描かれています。それまでは、聖書の中では「恋をする」ではなく、「自分のものにする」という記述をしていました。例えば、イサクは見合い結婚をして始めて妻のリベカを愛するようになったと描かれています。

ヤコブはラケルと結婚したいが、お金も将来の見込みもないので、ラケルの家族の期待する婚姻費用（bride price）が払えません（農業社会では求婚者は花嫁の家族に働き手を奪う代償を払わなくてはなりません。その後、商業社会になってからは若い女性は畑仕事をすることがなくなり、花嫁の家族は娘をめとり養ってくれると申し出た男性に持参金を払うようになります）。ヤコブはラケルをめとる代わりに無報酬で七年間、伯父のラバンのところで働くと申し出ます。

結婚式の夜、全員が酔いつぶれてからラバンは巧みにラケルと、容姿の劣る姉のレアとを入れ替えてしまいます。翌朝ヤコブは騙されたのを知り抗議をすると、「地域によっては妹が姉よりも早く嫁ぐこともあるのは知っているが、そんなことはさせない」とラバンは答えます。ラバンに騙されましたが、自分も父を騙したのでヤコブは返す言葉を失ってしまいます。彼は初めてずるい男の策略の犠牲者になった気持ちが分り、うそをついて騙すことは悪いことだと悟ります。悟ったのは、「信頼関係を失くした世界でどんな人生が待ち受けているのか」ということです。

ヤコブはさらに七年間働くことを約束してようやくラケルと結婚するのを許されました。二人の妻（レアとラケル）は七人の子どもをもうけましたが、そのほとんどがレアとの間に生まれた子どもでした。ラケルはサラやリベカと同じように身ごもりにくい体でしたが、そのことは何年も子どもにめぐまれず、やっとできた子どもは特別な人間に成長すると予言する昔話の共通テーマになっています。ラバンの羊への投資はヤコブの努力で順調に進み、次々に二人は富を得ます。数年後、ヤコブは家族と家畜を連れて故郷に帰る時が来たと感じました。ラバンにはまた騙されないようにヤコブはラバンが羊の毛を刈りに出かけている間に、こっそりと家を出ました。ラバンはあとを追いアラムとカナンの国境の地点でヤコブに追いつきました。ヤコブはラバンに何度も騙されそうになっても忠実に仕えたと、訴えました。ラバンは自分の妻と娘を大事にするようにヤコブに約束を取り付け、二人は気持ちよく別れました。それから、ヤコブは川を渡ってカナンに入り、帰途につきます。女、子どもや家畜を先に渡らせました。そして、夜が更けたので川の向こう岸で一人休んでいました。そうです、不思議な男に襲われ夜明けまで格闘したのはこの場所でした（ペヌエルでの格闘）。

この不思議な男はだれなのでしょうか。また、なぜヤコブを襲ったのでしょうか。そして、なぜ勝負はつかなかったのでしょうか。解釈のほとんどがその相手を邪悪の男、ヤコブを傷つけようとする危険な敵とみなします。別の解釈ではエサウの守護天使、また別の解釈では両国の国境を守り国境を破らないように見張っている悪魔です。闇にうごめく、危険の化身だとみる解釈もあります。

しかし、私の解釈ではその不思議な相手をヤコブ自身の分身だと解釈します。聖書がヤコブ一人だけしかいないと確信したときに現れたのはそのためです。腕力ではヤコブに全く互角で差はありません。その相手は、すなわちヤコブの良心で、自分の悪癖を乗り越えるように呼びかける自分の分身です。それは、狡猾さと不正で勝利を収めようとするまさに自分と、天国への階段を登り、人の手本となるように神に促される自己との葛藤なのです。

ヤコブは自己と戦います。一方では狡猾なやり方で人を騙し、欲しいものを獲得する能力に誇りを持っていますが、他方ではその狡猾さと、人々に恨まれ信頼を失っている自分がいやなのです。

その状況を思い出してみると、這々（ほうほう）の体（てい）（大変な目に合って、慌ててやっとのことで逃げたり、立ち去ったりする様子。）で国から逃れたヤコブはこれから故郷に帰るところです。翌日、ヤコブは兄のエサウに再開するのです。20年ぶりです。ヤコブはエサウの最後の言葉「いいか、今度会ったらお前を殺してやるからな！」を忘れてはいません。ヤコブが兄との対決を避けるのに何か妙案はないかと、次のように自分に言ったと想像できます。「困った。これまでずっと問題が起こると、いつもうそをついて逃げてきた。もううそで固めて、逃げる人生はやめにしたい。自分の行為に責任を持って、勇気を出して対処しなければ。しかし、実際にその場で、尻込みしてしまう。実のところ、明日エサウに会いたくないし、人を騙すやり方を続けていくのもいやだし。それに何の解決にもならない」。

ヤコブがラケルを愛しているのは事実です。しかし、ある時期、彼がレアを憎んだ時もあったと聖書に記されています。彼がレアを憎んだのはその顔を見るたびに騙されて結婚したこと、自分も父親を騙して祝福を受けたことをいやでも思い出してしまうからです。人生で最悪の時――

家族から離れてしまい、人間として自分を卑下した日——を毎日のようにヤコブは思い出します。その人間の性格、行動が気にいらないで相手を憎むのではなく、自己嫌悪する部分、つまり目をつむりたいところを見せつけられて憎むことが多々あります。ユングは「影」と命名した性格のマイナス面、つまり自分でもいやで、できればなくなって欲しい自己の側面について説明していて、忘れよう、考えないようにしようと、目に触れないようにすればする程、影のようにつきまとうというものです。

天使と格闘したヤコブの葛藤がよく分る、という人が多いし、事実、私たちも自分が二つに分裂していると感じることがよくあります。安易な解決を図りたいと思う気持ちと、厳しい道程を歩まなければと決意する気持ち……。

ホームレスに手を差しのべ、慈善団体に寄付したいと思う気持ちと、自分のためにそのお金を取って置くのに言い訳がないかと考える気持ち。慈悲深い人になり、困った人がいれば自分のやっていることを止めてまでも助けてあげたいと思う気持ちと、内なる声がそんなことにかかわるなと囁く気持ちがあります。「あんなことしなければよかった。どうしてだ、まずかったなぁ」と私たちは自責の念に駆られることもあります。警戒心を持つこともあります。「直ぐに止めたほうがいい。それ以上深入りすると面倒なことになる」私たちは慣れてくると良心の声をすぐ無視してかかります。悪癖は最初招かざる客として私たちの生活に入り込みますが、直ぐに家族の一員になり、最終的には家族を牛耳ることになります。そして、私たちは今の自分と目標としている人間像から大事な部分を奪われてしまった気がしてしまう、とタルムード（訳注・モーセが伝えたもう一つの律法とされる「口伝律法」を収めた文書群。ユダヤ教徒の生活・信仰の基となっている。）は教えてくれます。

天に続く梯子（はしご）

ヤコブのように天国への階段を上がろうとするのはどんな気持ちでしょうか。やはり高い所よりはしっかりと地上にいて、地面に足をつけていたいと思うのは当然でしょう。新しいことをするには勇気がいります。失敗などすると、反省し、自分に嫌気がさすのです。

ヤコブと自分の良心との壮絶な格闘はどちらが勝ったのでしょうか。二人の対戦相手は同一人物の両面ですから、ヤコブが勝つと同時に負けるのは分かります。格闘が終わってヤコブは傷を負い、足を引きずります。しかし、聖書は彼をシャレム（完全無欠、人間として表裏がない、などの含みを持つヘブライ語）と表現しています。この単語はシャローム（平和、安らぎ）と関連しています。ヤコブはある意味では負けることで勝ったのです。それまでヤコブが良心の呵責を感じる時

——例えば、空腹の兄に食事を与えないで、家督を自分のものにしたとき、盲目の父親から自分を偽って父親の祝福を受けた時、二人の妻の一人を寵愛したこと——いつも良心を抹殺し、自分の行動を正当化し、間違ったことをしていると警告する内なる声を黙らせてきました。逆説的に言えば、彼が弱い人間であればあるほど良心を抹殺するのは簡単だったのです。彼は勇気がなく正しい行動を正当化するのが難しそうなとき、勇気を奪って正しい行動をする自信がなかったのです。天から地上にかけられた梯子を上るという行為を経て、結婚もし、父親としての責任、また他人に騙された経験のおかげで成熟度が増し、その時初めて自分の良心を勝利させる強さを持つことができました。ヤコブはもう策略を企てることはしなくなったのです。彼はイスラエルになり、神との戦い、人間との戦い（それは良心、そして自分の嫌な性格と戦うことです。）を同時に行います。聖書にはニュアンスに富んだヘブライ語で書かれていますが、ヤコブはアコフ（よこしまな）というニュアンスがあるのに対して、イスラエルはヤシャアル（道徳的に正しい）という響きがあります。

ヤコブが家から逃げ出した最初の夜に、梯子の夢をみてからすぐに祈りをしたのを覚えているでしょうか。ヤコブは神の庇護（ひご）を受け無事に帰られるようにお願いし、その願いをかなえてくれるのなら収入の十分の一を納めると約束しました。このことに関しては、カナンに渡る前の最後の夜、天使に襲われる直前に彼はまた祈りました。しかし、このときは約束も取り決めもしませんでした。この時、ヤコブは次のように神に言います。「今の私はこれだけやっていただければ十分です。そのお礼として何もできませんが、これだけは言えます。あなたが必要なときはお力を借りなければなりません。明白にしなければならないことがあり、上手くできるかどうか分かりません。これまでは弱い人間だったのでそれができませんでした。しかし、あなたがそばにいてくれれば、何とかやり遂げることができます。故郷から逃げ出すとき、あなたは私が将来特別な人間になると約束されました。その約束を実現させるにはすぐにでもあなたのお力が必要です」と。

ヤコブは神に自分に代わって問題を解決して欲しいとは言いませんし、まして神の力でエサウを記憶喪失にさせ、怒りの矛先が自分に向かないようにして欲しいとは頼みませんでした。エサウを騙して許してもらおうなどという祈りはしませんでした。それよりも正しいことをする力をお与えくださいと祈ったのです。天使が彼を襲ったのはその直後です。

ヤコブは天使との格闘で傷を負いました。たぶんヤコブがその夜に学んだ最大の教訓はケガをしても致命傷にならず、生き続けることができることです。彼は正直さ、寛容さを見せて、代償を払うこともあるでしょう。そうです。傷つくのです。しかし、ヤコブはそれを乗り越えます。ヤコブがその夜に負った傷は肉体的だけではなく精神的なものでした。生まれて初めて自力で正しい行動を取ります。対決を避け自分の行動を正当化するのに悪知恵を働かせるのでなく、真正面から兄と向き合い、騙した罪を償おうとするのです。そのことで傷つくのが分っていても身体の治癒力を信じると同じように、難事に伴う痛みは魂が治してくれると確信します。正しいことをするのが悩める魂には一番よく効く薬だと固く信じました。

天使との戦い

ヤコブが経験したあの夜の対決の最中、相手が、「お前の名は」と聞いてきます。真夜中にそれを聞いてどうするというのか。しかし、名前は識別のためのラベルだけでなくそれ以上の意味を昔は持っていました。名前はその人の全人格を表していました。それは単に「何と呼ばれているのか?」とは違います。もしも、ヤコブが自分の良心(つまり、もう一方の自分)と戦っているのなら、それは次のような自問をしていることになります。「私の名前は?」とは「私は何者だろう。どんな人間になりたいのか。これまで自分がどんな人間だったか。これからどんな人間になりたいか?」ということです。

格闘後、神がヤコブに新しい名前を与えるのは注目に値します。改名はどんな意味を持つのでしょうか。

それまでの自分と決別する意思表示として名前を変えたり、宗旨を変えたり、職業を変えたり、別の州に移転したりする人がいます。プロの運動選手がイスラム教に改宗し、ユダヤ教への信仰が深まり「英語のチャールズではなく、ヘブライ語のチェイムです」などと呼んで欲しいと言う場合です。女性が結婚して夫の苗字を名乗るとき、あるいは結婚前の姓をそのまま使うとき、あるいはハイフンを使って両方の名前を使うとき、結婚によってその女性の人となりがどのように変化するのでしょうか。ある花嫁が結婚したら夫の姓に変えますと言ったとき少し驚きました。その花嫁は、結婚前は「男女平等主義なので、旧姓のままでいきますから」と言っていました。それを尋ねると、次のような答えが返ってきました。「そうです。そうですが、男性の姓で呼ばれるのだったら、母親が選んだ男性（つまりは父親）の姓ではなく、私が選んだ男性（夫のこと）の姓で新しく生きていきたいからです」。

聖書で、ヤコブの名前をイスラエルに変えたのは神ですが、その改名はヤコブがどのような人間になるかを決める戦いで、彼の良心、善が勝利したことを象徴しています。ヤコブの魂をめぐる戦いでは天使が勝ちました。

天使との戦いに敗れてヤコブは傷つきました。しかし、彼が勝ち続けていたらもっと傷ついていたことでしょう。医師であり作家であるレイチェル・ナオミ・リーメン博士（Rachel Naomi Remen,

1938‐）は、胸の痛みを訴えてきた女性患者について、述懐しています。薬を飲んでも、カウンセリングしても、治療を施しても改善がみられませんでした。次第にわかったことは、その患者が意に反した行為（つまり言動が一致せず、自分の価値観に反する行為）をしようとすると必ず痛みを感じることに気づきました。リーメン博士は感情的、あるいは精神的一貫性を失うことが良心の呵責に苦しむ元凶であり、（肉体的にも影響を及ぼす可能性のある）ストレスは、時間に追われて生活していると、失敗の恐れだけでなく、価値観までが否定されるという問題にまで発展すると述べています。

良心の呵責に打ちのめされ、誘惑に負けないで、詫びを入れ、正道を歩むようにいわれるとなおさら厳しさが増し、それは辛いものとなります。しかし、良心を平成に保つことももっと辛いことです。私たちは大きな目標を達成するために良心を捨て、悪いことだと分っている行動を取ることがよくありますが、その結果、厄介なことが起こります。それは目標を達成（例えば賞金）しても達成感が得られないか、あるいは目標達成（賞金）もないし、良心も打ち砕かれるかのどちらかです。

あの暗闇の夜に、川岸でヤコブはとにかく成功したい、どんな手段を取っても欲しいものを手に入れたいという欲求をもっていましたが、だんだん自分を善人だと思いたいと考えるようになってきました。彼は良心を欺き、良心を眠らせ、良心と問答し、良心を説得しようとしました。しかし、生まれて初めてヤコブの良心は自分に立ち向かうほど強靭でした。この時は動じることはありませんでしたし、説得にも応じませんでした。敗北からも逃れました。私たちにとって恐れる瞬間がたくさんありますが（例えば自分の能力に疑問を持つとき）その場合と同じように実際の対決はヤコブが恐れていたよりはずっと楽でした。驚いたことにヤコブは良心に敗れた時に自分を好きになったのです。

神の内なる静かにささやく小さい声（＝良心のささやき）に耳を貸さないのは、すなわち自分を見失うことになります。しかし、その内なる声を永遠に抹殺することはできません（そして、神は良心の声を常に抹殺している人にも援助の手を差し伸べます）。それは誘惑に負けそうになるとささやいてくれます。そして、戦いが終わると私たちはヤコブ＝イスラエルのように傷つき足を引きずりますが、しかし、やはりヤコブのように元通りに自分自身を取り戻し、今まで経験したことのない心の安らぎを得ることができるのです。

第3章　どんな人間になりたいか

なぜ善い人が悪いことをするのか

なぜ、善良な人間が悪事を働くのでしょうか。もし、私たちが自分をもともと善人だと思いたいのなら、なぜ善性を否定するような行動をするのでしょうか。私はヤコブの夜の決闘の話を読んでヤコブと自分を重ね、共感を覚えました。それは、私自身、間違ったことをして自分がいやになったという気持ちがわかるからです。私の教会で、夫婦で信者の方がいて、二人が抱えている問題を話したことがあります。その夫婦のことはよく知っていて好感の持てるカップルでした。二十年前に二人の結婚式を執り行い、子どもさんたちの成長を見守ってきましたので、どんな問題があるのか、結婚生活の問題、あるいは家庭での子どもたち（思春期）との軋轢ではないかと心配しましたが、結局それは庭の問題ではなく仕事関連のものでした。数年前から一人の仲間と組んで仕事をしていて、最近、この男が不正を働き、それが計画的だったというのです。「弁護士がいますので、法的な話ではなく、またお金の問題でもなく、問題なのはユダヤ教信者だったこの男を私たちが信頼したこと、食べ物の規定にも、祈りの時間にも非常に厳格な人がどうしてこんなひどいことをするのでしょうか。あんなに信頼をおいていたのに」。これがこの夫婦の悩みでした。

その夜、私と妻はある女性の友人と食事をしました。その友人は翌朝早い時間に法廷に出廷しなければならないので、コーヒーとデザートを遠慮しました。その裁判では不動産取引で彼女を騙した弁護士を告訴するのです。「彼女はとにかく信頼できる人だと思ったからその弁護士に依頼しました。それが、問題を引き起こしました。教会では執事（牧師の補佐）を務めているのに、そのような人がどうしてあんな不正を働くのでしょうか」。前出の夫婦には私のオフィスで、その友人にはレストランで次のように説明しました。「組織宗教はあらゆる種類の人を受け入れます。善人、悪人、強い人、弱い人もいます。入信の理由も様々です」。そして、自作の一節を引用しました。「もし、聖人だけが入信する教会やユダヤ教の会堂があれば、それは健康な人だけを入院させる病院のようなものです。快適な場所で運営しやすいでしょうが、それは教会や会堂の役割ではありません」。

その夫婦と友人が納得したかどうかは分かりませんし、私自身も百パーセント納得したとは言えませんが、日常生活や仕事上で自分が信じる宗教から逸脱した行動を取る人を長年見てきました。どこから見ても敬虔な信者、聖職者、信徒が信仰心とは裏腹な行動を取るのを目の当たりにして、組織宗教に対する信仰心を失った人をたくさん知っています。なぜこのようなことが日常的に起こるのでしょうか。

道徳的に完璧な生活を求め、いつも神の存在を感じ喜びを得たいという願望から信仰生活を送る人たちがいます。しかし、聖書のヤコブのように自分が間違ったことをして悩み、それが引き金で信仰生活を送るようになった人たちもいます。そして、ヤコブのように誘惑に負けて、真実を語るより嘘を言います。まともなやり方では手に入らないと思ったらずるいやり方や詐欺的な方法で手に入れようとします。いわゆる手っ取り早い方法です。自分の信念に反する発言をする偽善者ではなく、信仰心もあり、神の教えを心から信じていますが、時々、信仰に外れた行動を取ることがあります。それは自分の信仰心の深さを外に示したくて、違った方向に向いてしまい、自分が悪い人間でないと自分自身に納得させ、良心の声を適当に解釈して、いかにも真摯に耳を傾けているふりをして、神の目から見て好ましい人間だと思い込みたいからなのです。

免疫システムを強化させ、誘惑に負けないための手段として宗教を使う人たちもいます。免疫システムからウイルスを除去し、再び健康体に戻すための抗生物質として宗教を使う人もいます。悪行の痛みから解放されようとアスピリン代わりに宗教を使う人もいますが、痛みの原因を追究しようとはしません。

数年前、近隣の街で友人の一人にプロテスタント教会の牧師が住んでいましたが、この人ぐらい熱心な牧師を見たことがありませんでした。病気の信者、年配の信者、悲嘆にくれる信者にとっては心強い牧師でした。地域を問わず、宗派や人種を超えた活動では聖職者の鑑（かがみ）でした。彼は説教だけではなく、教会のソフトボール大会やボーリング大会にも積極的に参加しました。私たちの教区内にも彼のような人がいればいい、とかねがね思っていました。ところがある日、その友人が教会を辞めて引っ越すという話を聞きました。どうやら、教会の青年会の若い女性の何人かに不適切なことをしたのが見つかったようです。私は、一緒のところを誰かに見られても構わないからと友人を昼食に誘いました。友人の牧会に対していつも敬意を払っていたと言うと、次のように答えました。「確かに牧師として一生懸命にやりました。だから、私の別の面が現れたとしても、私の善人の部分は思い出してくれるでしょう」と。

彼は善人なのでしょうか、あるいは悪人なのでしょうか。被害にあった女性たちの両親はおそらくその友人を人でなし、偽善者だと詰（なじ）るでしょう。しかし、私は友人のことを悪いと知りながら、抑えることができなかった衝動に苦しめられた善人だと見ます。彼が聖書を読むときにヤコブの天使との格闘の話に触れれば、自分のことのような気がするでしょうし、もっと天使に勝たせればよかったと思うでしょう。

人にはやってはいけないと直ぐに分かることをなぜしでかすのでしょうか。人は先天的に悪なのでしょうか。善行とは単に見せかけのもので、社会的圧力や見つかるかもしれないという恐怖心の裏返しの結果に過ぎないのでしょうか。たしかに、この世には本当に悪い人間がいます。しかし、思ったほどたくさんいるわけではありません。ヒトラー、スターリン、チャールズ・マンソン（アメリカの猟奇殺人犯）、それから連続殺人者などが極悪人の代表格です。おそらく悪いことをする人の大部分はこの部類には入りません。ヒトラーやスターリンは精神病者です。しかし、誰もが思うことでしょうが、その良心の欠落ぶりに驚かされます。ヒトラーの伝記が、マザー・テレサの伝記よりも多いのはこのような驚異的な良心の欠如のためでしょう。手足や臓器の機能不全で生まれてくる人、あるいは正常な生活に必要な酵素が不足して生まれてくる人がいるように、健全な良心を持たないで生まれてくる人がいると思います。幼少の頃から先天的な病に侵された人や、欠陥障害を負った人もいるでしょう。その人たちは皆狂っていると見られてきました。つまり、話をして解決する問題でもなく、変身させられる訳でもなく、そのままを受け入れ、静かに見守ることでしょう。小さな子どもたちに見知らぬ人からお菓子をもらってはいけない、見知らぬ人の車に乗ってはいけないと注意した日のことを覚えているでしょうか。普通、子どもたちは幼児期を保護された環境で人々の愛に包まれて過ごします。また世の中を信じるように習い、躾（しつけ）られます。これは全ての子どもたちが学ぶべきことですが、今は世の中には子どもに害を与える輩（やから）がいると説明しなくてはなりません。子どもたちに「どうして？」と聞かれて大人は答えに窮します。いじめっ子、変質者、犯罪人に気をつけなさいと言いますが、みんな生まれたときは無垢な赤ちゃんでした。何が道を誤らせたのでしょうか。同時に、道は道でもそのような道の落とし穴に落ちなかった驚くべき人物、聖人がどうして生まれるのかも考えると説明に困ってしまいます。

罪悪感とは

もし世界の全ての人を善の連続線上に並べてみると一番端には聖人が数人いて、反対の端には数少ない極端に酷い人間がきます。罪人の端に近い人は世の中を憎み他人を傷つけてもよいと考えます。そのような人は自分の気持ちだけしか考えないで他人の気持ちを何とも思わず、騙したり、裏切ったりします。聖人側に近い人は私たちと同じく善人ですが、たまたま悪いことをしてしまう人間でもあります。基本的にはまともで私たちのように善人なのに、何故しっかり守ってきた道徳基準を捨ててしまうのでしょうか。ヤコブが父親を欺き、サムエル記下第十一章でダビデ王が人妻を誘惑するのは何が原因でしょうか。

恐れを抱き自己防衛のために悪いことをしてしまうことがたまにあります。正直な人間であっても空腹のあまり食糧を得るためにお金を盗むこともあるでしょう。そのような行為には明らかに抵抗感があります。しかし、それは盗まれた側には関係がないことです。平和主義者は家族を脅かす人に対しては道義に反しても武器を使うかもしれません。創世記第十二章ではアブラハムが妻のサライを粗末に扱います。カナンでは干ばつがあり、羊たちが食べる草がなくなると、アブラハムとサライ（後にサラに改名）はナイル川があるゆえに牧草地が青々しているエジプトに旅立ちます。アブラハムたちが入った社会はよそ者をいじめるところで、サライを強奪されて殺されるのではないかと恐れます。ですから、アブラハムはサライに妻でなく未婚の妹として振る舞うように言いました。サライが犯されても自分は助かると考えたのです。神の助けがなければサライの貞操が犯されることなくふたりはエジプトを脱出することはできなかったでしょう。一神教の元祖で世界の三大宗教の父であるアブラハムは善行の模範たる人物なのに、このような臆病で利己的な行動を取るのには合点がいきません。しかし、この話の教訓は、命が惜しいと考え思うアブラハムのような人間でさえ道徳的規準を逸脱してしまうということでしょうか。逆を言えばストレスがたまった特別な状況でうそをついて、悪事を見過ごしたとしても、ほとんどの場合、人は危険にさらされていない時には素晴らしいことをするし、世の中のためになることができるのです。ヒトラーの死の収容所の生存者たちで善良で寛容な情け深い人を見てきました。このような人たちは戦後、模範的な夫、妻、親になります。しかし、その生存者たちも非人間的な環境で生き残るために不本意に行ったことを思い出し、涙にくれることがあります。しかし、誰が非難することができるでしょうか。善人が目的には手段を正当化すると信じて、自分の意に添わないことをすることがたまにあります。ヤコブもエサウでなく自分が父の祝福を受けるべきだと思ったのでしょう。それは、エサウを相続人にしようとしたアブラハムのもくろみを真っ向から打ち砕くものでした。ですからヤコブはエサウになりすまし、父を騙しても当然だと思ったのです。あと選挙で、正直で誠実一途で人気のある候補者が、この地域には不利益しかもたらさないと心から信じて、対立候補者に対して虚偽の情報を流すのにも似ています。また大学で、大学の評判を上げるためにスポーツの優秀選手を、規則を曲げてまで、入学させ、さらに弁護士が、これこそが正義だと妄信し、評決を引き出すために、事実を隠し、証人を愚弄するのも同じです。

意にそぐわずした行為をやむを得なかったと自分に言い聞かせることは難しいことではなく、よくあることです。しかし、根は善良で誠実ゆえに、信念と実際の行動のはざまで魂は引き裂かれ、狼狽（ろうばい）してしまうのです。

忘れないでほしいのは、善人ほど罪悪感に苛（さいな）まされますが、悪人には罪悪感という言葉はほとんど存在しないことです。そういう人ほど、責任逃れをして、他人を非難するだけ非難をし、他人を受け入れず、自己弁護し、正当化します。道徳を重んじる人は現在の自分と、あるべき自分とのギャップを埋めようとバトルが生じます。

注意しなければならないのは、正しいと分かっていることが時として難しさを伴うと善良な人でも過ちをおかすことがあります。その上、入手できる手っ取り早い方法が見つかったりすると、それに惹かれてそれを実行してしまうようです。競争する場合、歩がいい人と、五分五分で勝負にもっていくには少しズルをしたり、手抜きをしてしまうのも同じでしょう。

野球で、ケビン・グロスという投手がいました。そのグロスはバッターがボールを打ちにくく、また、投げやすいものにするためにボールの表面を傷つけたのですが、それを見つかってしまった事件がありました。グロスはプロの選手としては並みで、自分より才能のあるメジャーリーグのバッターと対等に戦うのに何か有利なものと思っての結果でした。その時のメジャーリーグのコミッショナーはアンジェロ・バートレット・ジアマッティ（Angelo Bartlett "Bart" Giamatti, 1938 - 1989）で、グロスに罰金刑と出場停止の制裁を言い渡すにあたってジアマッティは次のように述べました。

「一時の欲求不満を爆発させるための衝動的あるいは暴力的行為と違い、一人の選手を有利にするために試合の条件そのものを変えようとするものです。それは全ての選手が共通のルールのもとで競技するというあらゆる競技の土台を崩そうとする行為です。そして、それは試合の一貫性、公正さに対する信頼を失わせるものです」。

人は悪いことをしてしまったらそれをやましいと思い、最初の間違いが発覚しないようにさらに悪いことをするものです。浮気をした人はそれを隠すためにうそで固めます。会社などでミスをおかすと同僚に責任転嫁します。信じられないかもしれませんが、自分の子どもの健康管理のことなのに、予防接種をさせなかった親がかなりいて学校関係者を驚かせました。

人は怒りの発露としても悪事に手を染めることがあります。人生や社会が不公平だと思っているので、社会に対しても何の義理もないと考えて。怒りを他人にぶつけて解消する方法です。極端な場合、首になった男が家に戻って拳銃を持ち出し、職場に戻って首にした上司や周りにいた人を射殺した例があります。そこまで極端でなくても、世間には他人に怒りをぶつける例はたくさんあります。その日、職場で大変だった、上司から文句を言われた、何週間も取り組んでいたプロジェクトが崩壊し断念せざるをえなかった、人員削減のうわさがあり職を失うのではと心配だった、そんなときは、不機嫌になって帰宅し、子どもたちにわめき散らします。父親が機嫌を損ねているのは、子どもは自分のせいだと、子どもは泣きながら自分の部屋に戻ります。当人は子どもをそんな風に思わせたので嫌な気分になりますが、気が滅入って謝り事情を説明できません。

私たちが怒ったときの言葉や行動は全て覚えていて。そのときは何とも思いませんが、あとから後悔するか、少なくとも、その言葉や行動は本当の自分を反映するものではないということを言いたくなります。

弱点があるということ

サムエル記下第六章のダビデ王の話に、ある出来事が語られています。それはダビデ王にとって最良の日です。王はエルサレムの町を占拠し首都とします。そして、契約の箱（十戒が刻まれた石板を収めた箱）を町の中に持ち込みエルサレムをイスラエルの政治の中心だけでなく宗教の中心にしました。その箱が持ち込まれるときに歌や踊りが花を添えました。そして、ダビデも大喜びでした。ダビデの妻ミカル（前王サウルの娘）はダビデが夢中で踊りに興じるのを見て不快で腹立たしさが募りました。それはおそらく、彼女が王女としての威厳を身につけて育ったか、あるいは自分が祝典に加えてもらえなかったからでしょう。ミカルは公の場で一般人と同じで王様らしからぬ体裁で威厳もなく羽目を外したとダビデをなじります。ダビデはこの非難の言葉にひどく傷つき、お祭り気分に水を差した格好になりました。そして、ミカルの一番の弱みをついて次のように言い返しました。「私はお前の父親ではなく、私を王に選んだ神の前で踊っているのだ」。その章は次のような辛辣な言葉で終わります。「サウルの娘ミカルは生涯、子どもを産めなかった」。それまで、二人は深く愛し合っていましたが、怒りの言葉を二回放ったことでその愛は崩壊しました。

自暴自棄、恐れ、怒りで良心の声を無視して自分の意に添わないことをするとき以外、人は基本的に善人です。次のように言う哲学者たちもいます。人は生まれるときは純粋で無垢ですが、恵まれない人生にやりきれないと思ったときに、自分もよい思いをしたいと競争するようになり、悪事さえいとわないのです。十八世紀のフランスの哲学者ジャン＝ジャック・ルソー（Jean-Jacques Rousseau, 1712 - 1778）は「神は全てのものを善に作りますが、人間が介入すると悪になってしまう」と書きました。あるいは人は基本的に性悪で利己的で悪さをしても咎められない機会を狙っているだけなのか、それとも誰か良識の外れたことをするのを許容してくれる人を待っているのでしょうか。小さな子どもは純粋無垢に見えるかもしれません。しかし、二人の子どもにわずかなおもちゃをおいた部屋に入れると、大人の争いの前兆をみることになります。ウィリアム・ジェラルド・ゴールディング（William Gerald Golding, 1911 - 1993）の小説『蝿の王』（*Lord of the Flies*, 1954）は大人が全くいない無人島に残された少年たちの物語です。彼らは直ぐに世間一般と同じような加虐的で破壊的な社会を形成します（この少年たちは無作為に選ばれたのではなく、戦火にさらされている国から救出しようとした飛行機がこの無人島に墜落したとなっています）。

イェール大学の心理学者スタンレー・ミルグラム（Stanley Milgram, 1933 - 1984）博士は数年間に人間の行動に関する実験を行いましたが、気になる問題が浮き彫りになりました。ミルグラム博士は各被験者に痛みの耐性に関する重要な実験だと告げました。その被験者の知らない人が椅子に座らされベルトで固定され電流につながれました。被験者はハンドルを操作すれば椅子に座っている人が受ける電気ショックの程度を制御できると教えられます。また、どんな理由にせよ、いつでも電流を流すことを止めることができ、そのために悪い結果になったとしても責任は問われないと言われます。実は椅子に座った人は俳優で、ハンドルを握ったのは正真正銘の被験者でした。

実験が始まりました。ミルグラム博士の指示で各被験者は椅子に座っている「患者」が叫ぶまで電気ショックを強くしました。ミルグラム博士はその被験者に言いました。「その調子だ。これは重要な実験です。もう少し、電流を強くしなさい」。その患者を演じている俳優は叫んで「頼むからやめてくれ、後生だから。止めてくれ。もうだめだ」。しかし、被験者は叫び声を無視してボルテージを上げるように言われます。被験者は椅子に座っている人を痛めつける理由がないのだから、いつでも電流を流すのを止めてもよいのに、止める人はほとんどいませんでした。被験者は権限を持っている人の命令だからという理由で赤の他人に拷問（そう思わされているのですが）を加えるのを止めませんでした。

　ミルグラム博士が出した結論は明快です。これで第二次世界大戦のときは普段優しい夫、父親がまた、毎週教会に行く「善良なドイツ人」が、何故被害者にあれほどひどいことをしたか理解できます。それを理解するには言い訳や正当化とは違うと強調したいと思います。裁判所は首尾一貫として「命令に従っただけです」という弁明を退けてきました。ヒトラーの時代に自分の命や家族の安全を危うくしてまでもユダヤ人を救おうとしたドイツ人が何千人もいたのは、良心にしたがいナチスの命令に背くことが可能だったことを示しています。しかし、ナチスの活動に参加したドイツ人は邪悪な指導者に従った従順な人々なのでしょうか。ミルグラム博士は次のように指摘します。「権威を信じそれに従うように教わった人は、世間的に道徳的に外れたことでも権威者の命令に従ってしまいます」。

　私たちは自分にこう言い聞かせます。「やってはいけないことだと思うが、権威者の言うことだから間違いはない。もしも、間違っていたらそれは私に命令した人間の責任だ」。

　あるいはミルグラム博士の被験者が実験で最後まで命令に従ったのは、私たちの中に他人に対して権力を振るのを楽しむ気持ちがあるからかもしれません。一部の犯罪学者が提唱している理論があります。それは「犯罪の多くは権力を押し付けることにつきる」というもので、これは妥当性があるものなので、次の章で是非取り上げたいと思います。専門家たちは、「強姦犯はセックスが目的ではなく、また強盗犯はお金が目的ではなく、他人に対して権力をふるう快楽を求めている」と考えます。世間の評価が気になり、自分の地位に自信がなく、また世間にインパクトを与えたいという衝動を抑えられない人はまさにその類の人間です。残忍な暴行罪で刑務所に入ったある男が次のように言っていたそうです。「その男を殺すか殺さないかはどうでもよかった。しばらくの間、そいつに対して神のように振る舞いたかったんだよ」。おそらく、前出の信者の夫婦やレストランで話をした友人に、「人は自分の存在価値を見せつけるために権力を持ってお互いを傷つけ、騙し合う」と言うべきだったのかもしれません。

ドストエフスキーの古典小説『罪と罰』で学生のラスコーリニコフは年老いた下宿の女主人を殺害しますが、殺人の理由はその女主人にいやな思いをさせられたからでもなく、盗みが目的でもなく、ただ生命の与奪権を握る神のようになるのはどんな気持ちなのかを知りたかったからです。いろいろな面で権力を持たず、自分がちっぽけな存在だと思うしかない世の中で彼は権力を行使する気持ちを味わってみたくて仕方がなかったのです。

非暴力的な犯罪であっても権力の渇望という要素が、やはり含まれています。巧妙な手口で人を騙して詐欺を働き、横領や使い込みをする人は、お金を巻き上げるよりは騙されやすい人を思いのまま操る快感を求めているからでしょう。

人は先天的、後天的なもの、どちらで決まるのでしょうか。生まれながらに善人で純粋な人が外的環境いかんでいとも簡単に善人を放棄させられるのでしょうか。あるいは、誘惑に負けるように、詐欺師に生まれついて、善行は後天的に学ぶのでしょうか。私の答えは「両方とも正しい」です。すべての人間には善と悪の両面があります。「慈悲の気持ち」と「利己的な考え」あるいは「正直さに対する願望」と「うそをつきたい衝動」との対立です。ちょうど聖書でリベカがヤコブとエサウの二人をみごもったときに胎内の中で争ったように、ヤコブが理想とする人間になるために別の自分と格闘したように、これらの対立する感じ方は常に私たちの中で葛藤しています。このように考えれば善人が金儲けに没頭するあまり狂気に走ったり、怒りで道を踏み外したりする一方、何故、犯罪者も人を愛し、刑務所では忠誠心を示すかがわかると思います。

映画と小説に学ぶ

23年前の1998年公開の『シンプル・プラン』(A simple Plan)という映画があります。この映画はある男性がよい結婚とよい仕事に恵まれれば幸福になれると父に言われたのを思い出す場面から始まります。その男性は不満があってもそれなりの仕事についていて、結婚にも満足しています。ですので、彼は幸せです。しかし、その直後、その男と二人の友人は近くの野原で自家用飛行機の残骸を発見します。パイロットはすでに死んでいましたが、機体の中に数百万ドルもの現金を見つけます。三人は何か犯罪の匂いを感じましたが、お金を失敬しても誰にも迷惑をかけることはないと思い、単に「失敬」しようと計画しただけなのですが、そのために不信感、仲たがいを生み、ついに殺人事件にまで発展してしまいます。そして、最初は幸福感を味わっていた若いカップルは精神的に参ってしまい、最後には心はずたずたになってしまいます。この物語を、悪事を働く機会を与えられたときに、人は必ず悪行に走るとか「誰でも金に弱く、正直者といっても、人が見ていると思ったときに正直になるだけ」という譬え話と解釈するむきもあるでしょうが、私はこの物語を、たとえ善人であっても一線を越えることがあるという悲しい事実を伝える話だと考えました。正直者であっても大金に惑わされ、まじめな夫でも誘惑や性欲に負けてしまいます。しかし、それは罪人だというのではなく、人間だからです。

さらに、私たちはそのような弱点がなければ、何となく物足りないと声を大にして言いたいのです。ヤコブはイスラエルになってもヤコブの一部は残さなければなりません。天使と格闘したことで彼は成長しますが、それは彼が天使になることではありません。彼の人間性は引力でしっかりと地上に根をおろしています。

『ジキル博士とハイド氏』という作品があります。みなさんは、ロバート・ルイス・バルフォア・スティーヴンソン（Robert Louis Balfour Stevenson, 1850 - 1894）のこの短編小説を読んだことはなくても話の筋はおそらく知っていると思います。ヘンリー・ジキルはロンドンの著名な医者で世間的にも知られ、友人の敬愛を受けています。彼は善人なので——ですから、彼は人を助けるために医者になりました——時々心の中に浮き上がる怒りや攻撃的感情に面食らいます。そのような感情はどこから来るのだろう、と彼は考えました。自分の一部なのか、模範的な性格の人間であるはずの自分がダメになったのだろうか。あるいは、摘出しなければならない悪性腫瘍、あるいは治療が必要な化膿した部分のような自分の中の異分子的な要素なのだろうか。そして、ついに、彼は優秀な薬剤師でもあるので自分の中にある悪の衝動を分離する薬の調合に成功しました。それは、悪の行動を排除し究極的には全ての人間性を改善したいという思いからでした。彼はそれを飲み、エドワードと命名した別の人間になります。ハイドは容貌が醜く精神も醜い人間で悪そのものです。ジキルは自分を二つに分裂させることに成功します。一方は完全な善で、他方は救いがたい完全な悪です。ハイドは人を震えあがらせ、幼い少女を車で轢き、少し侮辱されたことで人を殴り殺します。ジキルは本来自分に戻るために、その薬をもう一服飲まなくてはなりません。残念なことにハイドとして生活した時、彼は悪人であることが快感だったことに気づいたのです。ミルグラムの被験者や何千人というナチスの協力者が心のどこかで残酷さと横暴さを楽しんだのと同じように、彼は攻撃的感情を良心によって妨げられることなくむきだしになりました。麻薬常用者が次にシャブの注射を打つのが待ち遠しいように、彼もまたジキルになるのが待ち遠しくなります。ジキルは薬を飲まないでハイドに変身し、その薬を飲んでも元の自分に戻らないことが分かり愕然としました。もとに戻すには二倍、三倍の量を飲まなくてはならないのです。彼は悪行にはまっていく自分から逃れるには死ぬしかなくなるのです。

神が私たちの住む場所として創られた世界を、傲慢な人間や特に科学者が背伸びをして勝手に変えようとすると悪い結果になると警告する教訓話はたくさんありますが、1886年に出版されたこの小説もその一つです。メアリー・ウルストンクラフト・ゴドウィン・シェリー（Mary Wollstonecraft Godwin Shelley, 1797 - 1851）の『フランケンシュタイン』（1818年）、マイケル・クライトン（Michael Crichton, 1942 - 2008）の『ジェラシック・パーク』なども同類の小説です。しかし、『ジキル博士とハイド氏』の話にはもう一つ、重要な教訓が含まれています。スチーブンソンの話は悪の衝動は人間ならだれでも潜在的に持っていて、それを取り除くことはできないし、それを分離しようとするとその過程で自らをひどく傷つける結果になるということです。それは脳外科医に手術を依頼して「悪い考え」を生み出す脳の部分を他の部位を傷つけないで取り除いて欲しいと言うようなものです。

自分自身の悪魔との闘い

二千年前のユダヤの寓話はスチーブンソンのような重苦しい悲壮感はありませんが、同じ教訓を風変わりな方法で伝えています。ユダヤ人の伝統として、人は神がヘブライ語でイェッエル（邦訳では「悪の衝動」、「悪行を働く意思」と訳されています。ユダヤ人は「悪の衝動」は悪いものとは考えていません。それも肯定して神の創造の業を引き受けています。）を吹き込んでくれると考えています。「利己的な意思」「利己主義」と解釈してもよいでしょう。意地悪で自分勝手なことをしても、その人を悪人と言えないと同じように、意地悪で自分勝手なことをしたいという衝動が走っても、その衝動は「悪の衝動」とは言えません。それは私たちの人間性の一部をなしていて、利己的であっても利己主義そのものではありません。善人になろうとする努力はよく、イェッエルを克服しようとする格闘として捉えられます。

ある日、人々はイェッエルを捕まえて閉じ込めてしまいます。彼らは捕獲に成功したことを祝い「これからは、生活は天国で悪も盗みもなくなる」と言いました。翌日、皆が店を閉めて商売を休みました。誰もデートや結婚をしませんでした。誰も、妊娠もしませんでした。人々は日常生活の一部をなしている行動の多くが、面白く、しかも欠かせない行動であっても、利己的で攻撃的な要素が含まれていることを知って当惑してしまいます。店主や実業家はプロのスポーツ選手と同じように相手を打ち負かそうと懸命になります。そして、社会はそのような競争があるので潤うのです。男女の愛だけで結婚するのではなく、自分の魅力に惹かれる相手、他人が目を付けている相手を横取りして結婚することもあります。利己的で攻撃的な要素がまったくなければ世の中は動きません。それは、私たちの一部で厄介なものではあっても必要なものなのです。ですから、イェッエルを解放し、毎日またそれと格闘するようになりました。

数年前、連続テレビドラマ『スター・トレック』の一作品で同じテーマが扱われていました。宇宙船エンタプライズ号のカーク艦長は二人のカークに分裂させられました。一方は善良でしかも道徳的な人間で、悪い考えを持っていません。もう一方は意地悪く利己的で腹黒い人間です。そのドラマの言いたかったことは善良なカークは全く役立たずで、よいことが起こるように努力するのですがうまくいきません。優秀な指導者になるには悪のもう一方の自分と合体する必要がありました。

自分自身の悪魔と戦わないで完全な人間になれないと、私は信じます。さらに言えば、それは自分自身の天使との闘いでもあります。筋トレでバーベルを持ち上げる男女のように私たちは誘惑に打ち勝つために道徳筋トレで道徳性を強化します。作家でジャーナリストのデービット・デンビは「誘惑がなければ、善人にはなれません」と書いています。自分のことを考えてみてもそれは正しいと思います。自分自身も利己的な衝動、いらいら、思いやりのなさに襲われることがあり、よくわかります。他の人も同じだと思います。人にも豊かな人間性を持ってもらいたいし、浅ましいことをする可能性があったとしてもその善性を評価したいのです。

これを示す好例があります。私たちは１９６０年代に公民権運動の先頭に立っていたマーチン・ルーサー・キング・ジュニア（Martin Luther King, Jr., 1929 - 1968）牧師がその間に浮気を重ねていたことを知りました。しかし、その行動はこの国の魂から人種差別の汚点を取り除くために成し遂げたキング牧師の業績に傷つけることにはなりません。私は公民権運動をその指導者が不倫をはたらいていたという理由で否定したくありません。フランクリン・ルーズベルト大統領、ジョン・F・ケネディ大統領、ビル・クリントン大統領の不倫の事実を知らされても、これらの大統領が国のために立派な業績をたくさん残したことを評価したいのです。しかし、同時に不倫はケネディ大統領やキング牧師のような善人だったのだから悪いことではないと言うつもりは毛頭ありません。私の言いたいのは善人であっても悪いことをするということです。彼らはイェッエルに強烈に誘惑されなかったら偉大なことを成し遂げられなかったに違いありません。好ましくない衝動との闘いをしなかったら完全な人間にはなれないでしょう。私たちの中の利己的で攻撃的な衝動を排除できたとしても――つまりジキル博士が善意で行った実験に成功したとしても――それは問題解決には程遠いものです。私たちの中の残った部分だけでは完全な人間にはなりません。

道徳性は誰も見ていないところでの行動で測られる、と言った人がいます。プラトンの『国家』の最初の部分でソクラテスが魔法の「ギュゲスの指輪」にまつわる神話を語っています（この指輪をはめている人の姿を見えなくさせる力があると言われています）。彼は正直な人がこれをはめた場合と、不正直な人がはめた場合とでは行動に違いが現れるか、という問いを発します。ソクラテスの結論は「自己の真の利益をわかっている人なら姿が見えないのをいいことに悪事を働くことはしない」というものでした。その人がそのような行動をとっても誠実さ、自分を正直者だと考える自負を失ってしまうのを考えると割に合いません。

もちろん、「ギュゲスの指輪」などというものはありません。しかし、現実でも神話と同じことが起こります。数年前ニューヨーク市で大規模な停電がありました。街灯、交通信号、エレベーター、盗難警報機などが止まってしまいました。この危機にさいして懐中電灯を持ち出して道を渡る人や暗くなった階段を登る人を助ける人がいました。他方では店の窓を壊し、商品を盗んだ人もいました。その夜、私たちは人間性について大いに学びましたがそれ自体はそんなに驚くべきことではありませんでした。良心の天使が誘惑に勝つこともあります。しかし、誘惑に天使が負けることもあります。

どんな人間になりたいか

昔、私の会堂で十代の子どもたちの堅信クラス（訳注・ユダヤ教で成人式を迎えるための学習クラス）を担当したことがありますが、そのクラスで生徒に次の問題を出しました。「君たちは何台も新聞の自動販売機を持っているとしよう。お客は55セントコインを入れて新聞を取り出す。問題は一度開けると何部でも持っていくことが可能で、そのために収益がかなり減ってしまいます。そこでそれを防ぐために販売機に表示したいので次の三つの表示する文案があるのだが……。

A　この販売機は監視されています。もし、新聞を二部以上持っていけば逮捕されます。窃盗は犯罪です。

B　この販売機からあがる収益で家族を養っています。盗むのは止めてください。

C お金を払わないものは持っていかないでください。ひどい人ですよ、あなたは。

この三つの選択肢に心理学者のローレンス・コールバーグの道徳的発達の三つの段階を思い出す人もいるでしょう。三つというのは、受けるのを恐れて正しいことをする、他者との連帯感から正しいことをする、正しいことをするのはそうしなければならないからという三段階です。

数年間、十代の生徒に次の二つの質問をしました。表示の三つの文案で盗難を防ぐのに一番効果的なのはどれか。自分にとって一番効果のあるものはどれか。結果は全員同じでした。生徒全員が新聞を盗んで逮捕されるのは現実感がないので効果がないという理由で（A）をはずしました。一般的には（B）にすれば効果があるが、本人自身としては（C）にすると一番犯罪抑止力があるだろうと、答えました。生徒たちは基本的には自分たちは善良な人間だと信じています（あるいはそう思わせたいのかもしれません）。そして、他人の同情に訴えて自動販売機の所有者の立場になって、正しい行動を取るように説得できると信じました。

ほとんどの十代の若者が理想主義的であるように、生徒たちも理想主義者です。人は善で説得するための適切な言葉が見つかれば説得できると信じたかったのです。しかし、同時に、ほかの十代の若者と同じように、彼らは自分がうそをついたり、人を食い物にしたり、弱者に残酷なことをしようと考えて嫌な気持ちになります。それが「あなたはどんな人間なの」という質問が一番彼らの心に響いた理由だと思います。それは、ヤコブが格闘の最中に「名前は？」と天使に聞かれたときの状況と同じです。「いったいあなたは何者だ」。この十代の若者たちは一日に何回となくこのことを自問したでしょう。

正しいことを行おうと決心していても、あるいは悪いと分っていても、悪いことに手を染めてしまうかもしれないと心配している若者の葛藤は克服できるのでしょうか。デービット・デンビは卒業してから三十年後に母校のコロンビア大学に戻り、十八歳の時に取った人文科学コース（一学年専攻）を再履修しましたが、その経験を回想録『偉大な本』（Great Books）で述べています。私に透明人間の指輪「ギュゲスの指輪」を思い出させてくれたのが彼です。彼はそのような指輪を持っていたら何をするか考えました。どこでも行けて、何をしても捕まらない。デンビは人間として道を外れたことをした時の後味の悪さを考えると、そんなことをしても何の価値もないと考えました。復讐や金銭的利得も無駄なことです。

最近、たまたま、あるアメリカの先住民の部族指導者が自らの内なる葛藤について記述した話を読みました。「私の中に二頭の犬がいる。一頭は意地悪で悪だ。もう一頭はいい犬だ。意地悪な犬はいつも悪い犬と喧嘩している」と、彼は言いました。「どちらの犬が勝つのですか」と聞かれたとき、少し考えて、「餌をたくさんやった方だ」と答えました。

善人はいいことをします。しかも惜しげもなく、善人は善そのものだからです。しかし、同時に悪いこともします。それは、彼らが人間だからです。時間刻みではないにしても毎日のように格闘を繰り返し、時には天使が勝ち、時には天使が負けます。運が良ければ利己的な衝動が天使を打ち負かしたときには、罪悪感に苦しむことは避けられるでしょう。そして、天使が勝ったとしても勝利は一時的なもので、長くは続かないと分っています。そして、人間であるためには両方の要素が必要なことを知っています。しかし、私たちは次のことを自問し続けます。「どんな人間になりたいか」と。

第4章　仕返しの正義

復讐の構造

善人でいたいなら、正義をおこなうのは言うまでもないことですが、それよりも2種類の正義のどちらを選ぶかのほうが難題なのです。神学校の授業で担当教授が「相談者と相談相手には善か悪かを選ぶのはわかりやすいのでたやすいことですが、非常に選びにくい問題は2つの善のどちらを選ぶかなのです。善を行うときは、同時に善行のめざす結果を考えてするわけではないということです。つまり善行だと思ってすることがそのゴールはを犠牲にしていることになります」。どういうことかというと、たとえば、献血や、地域の教育関係に従事している場合、家族とは一緒に時間を過ごすことはできず、家族孝行は犠牲にしなければなりません。大切な二つの価値（善行）の衝突が生じます。一方を選び他方を捨てなければならないわけです。時間差で片づけられるでしょうか。

例えば、こういったジレンマ（板挟み）状態は、誰かに騙され、傷つけられたときに特に起こってきます。一方では復讐したい、仕返しをしてやる、と思っても、他方では仕返しをして相手と同じ程度の人間に成り下がるのが嫌だとも考えます。害を及ぼした人間に仕返しをするのは当然で、正義だと感じます。しかし、同時に少なからず道徳的に堕落してしまいます。

数々の優れた劇や小説——ハムレット、アイスキュロスのギリシャ悲劇、岩窟王などの中心テーマは復讐で、復讐を扱った大衆向けの小説を読んで、映画を見て心を奪われるのは、いかにその問題についてこだわりがあるかを物語っています。映画を見ていると観客はヒーローが最後に悪者を打ち負かすと、共感し、拍手喝采をしています。話にのめり込みます。復讐や空想的復讐は私たちの感情の中で一番強烈のものです。誰にもその感情は備わっていて抑えがたい感情です。そして、非常に厄介な場合も多いのです。

この章のタイトルは十六世紀のイギリス作家フランシス・ベーコンの次の言葉から取りました。「復讐は暴力的正義で、人間の性質がそれに走ればそれだけ法律がそれを刈り取ろうとする」。ベーコンはその一つの文に、復讐に関して四つの重要点を伝えています。それは——、

- そのことにたくさんの人が惹かれる。
- それは生来備わっているもので本能的なものだ。それは後天的なものではない。
- それは正義に似ているが、正義とは大事な点で異なる。
- それは望ましいものではない。雑草が自然に生えるのと同じだ。しかし、放っておけば雑草が

生育しようとしている植物を駄目にしてしまうように、それは健全な感情をも殺すことになりかねない。

復讐を「正義の名のもとに行う報復」と定義しますが、報復することで快感を覚えはしますが、嫌悪感で自己への尊厳は消えます。そこに問題があります。悪事を働いた人を罰したいと願うのは、公正、安全な世の中に住みたいからです。また私たちが犯罪者から守られ、犯罪者が悪の報いを受けるのは住みよい世の中にしたいからです。もしも、善人を守るのに自然の力に頼れないのなら（ウイルスは善人悪人を問わず感染します）、そして人間性にも頼れないならば（殺人者や強盗は弱い人をカモにします）、何とか社会がその役割を担い、害を及ぼす人に罰金を課し、投獄するか、自警団的に自ら正義を行うかでしょうか。

悪を行えば罰を受けるのは当然ですが、肝に銘じて忘れないことは、心の中で「私は善人ですから過ちは犯ししません、でも罰を受けた人を罰したことには違いないので、報復した場合は傷つけたことで罪悪感で恥じ入っています」と懺悔する必要があります。他人を傷つけると思うと気が滅入ってしまうものです。これは善人でありたいと願い、善人がしないことをしてしまったりする矛盾も起こります。世界教会協議会（訳注・WCC; World Council of Churches の略称、カトリック、プロテスタント各派のキリスト教で構成される協議会）は「復讐は苦しみを克服するのでなく、逆に増幅させてしまい、私たちが傷ついたと同じように相手も傷つけることになります」という声明文を出しました。「傷つけられて復讐したとして、果たして世の中はよくなるのでしょうか」とも問いかけています。

「復讐は甘美である」ということわざがありますが、この有名なことわざは実は原文が変えられて誤った意味になったのをご存知でしょうか。ミルトンは『失楽園』で「復讐は初め快きも、ほどなく苦く己に跳ね返る」と言いました。言い換えれば、私たちが切実な思いで発見する「復讐は計画している時は気持ちがよいが、実行するとなると苦い気持ちになる」のをミルトンは知っていたのです。復讐の対象になる人物は傷ついて当然なのでしょうか。そして、受けた仕打ちに対して一矢報いたいが、他方では相手を傷つけることで自分の価値が下がってしまいます。シェイクスピアは復讐劇として最高傑作の『ハムレット』で主人公に次のセリフを言わせています。

「今の世の中はたがが外れてしまった。ああなんと呪われた因果か、それをなおすために生まれついたとは」。

フロイドは、ハムレットが、父を殺害し、母と結婚した男を、殺す気になれなかった、それはハムレット自身が無意識にした行動だったからだと、結論づけました。しかし、ハムレットが殺人を犯せないのは自分も殺人者にはなりたくなかったとも考えられます。最終幕で、考えとは裏腹に、父の殺人者を殺害し、自らの命も断ちます。これはおそらく復讐の思いにとらわれるあまり、ハムレットが肉体的にも道徳的にも破滅してしまった結果だったとシェイクスピアは言いたかったのでしょう。私たちは復讐に対する相克する感情があり、気持ちがそれを求めても良心がそれを否定します。シェイクスピアがこの『ハムレット』のような優れた復讐劇のほか、『オセロ』『コリオレイナス』の舞台をイギリスではなく、デンマーク、キプロス、ローマという場所に設定したのは、それは観客の感情に寄り添い、訴え、観客が何を見たいかの要望に応え、しかも同時にこのようなことをしたのは異国人で、わが英国人ではないと言いたかったからでしょう。

このシェイクスピアの技法は流石です。映画の場合では、クリント・イーストウッドのダーティ・ハリーの暴力的復讐は頭では非情な破壊行為と弾劾しても、観客は内心では喜んでいます。タルムードの一節では神が紅海で溺れるエジプト軍を見て喝采していた天使を「どうしてそんなに浮かれているのだ。すべて私が創造したのだ」と、叱責しています。邪悪者が破滅するのを天使が見て感激して喜んだら、当然同じ反応を私たちもするでしょう。しかし、天使が喜んだのを神が好ましいことではないと叱ったとしても、私たちが同じように喜ぶのを恥じる必要は全くありません。

地域全体が犯罪者を正しく罰し、被害者らが納得する措置を講ずる権利と責任をきちんと果たすなら、それはそれで大きな進歩の一つでしょう。刑の執行が、事件には無関係な第三者によって、冷静に、事実に基づき実施されれば、それが復讐を伴わない正義の一例といえます。スーザン・ヤコービ (Susan Jacoby, 1945 –) は復讐史を描いた『暴力的正義』(Wild Justice, 1983) で「時代が進むにつれ社会も複雑多岐になってゆくが、裁判での被害者の権利回復と判決という正義が行使される距離がいかに近づいていくかが文明の指標になる」と書いています。しかし、正義を執行する社会に懐疑的になり、裁きを信用できなくなったとき問題が起こります。また裁判所が裁判に年数がかかりすぎ、頼りにならない、あるいはえこひいきする、さらに法律は抜け穴だらけで犯罪人は無罪になってしまう、といった不安を感じ始めた時、問題が起こります。

ある時代、宗教が盛んだった時、人々は法廷で罰を逃れた犯罪人は神が罰してくれると信じていました。そういう時代もありました。タルムードには、イスラエル最高裁判所裁判長がナイフを持った男が、別の男を追いかけ、洞窟の中に入るのを目撃した話が書いてあります。悲鳴を聞き、それからその追跡者が血のしたたっているナイフを持って洞窟から出てくるのを見ます。その男はラビでもある裁判官を見て笑い、「俺は大変なことをしたと思うが、すべて状況証拠だ。それに別に目撃者もいない。法律ではあと一人は目撃者が必要なはずだ。だからどうにもならないぞ。」と言い放ちました。タルムードの話によるとその男は十歩も歩かないうちに蛇にかまれて死んでしまったそうです。

しかし、今は世俗（非宗教）的時代で犯罪と罰との間に落差があり、自らの手で裁きをつけようとして自警行為や集団正義に走ることがまれにあります。あるいは、ロビンフッドの伝説を引き継いだアウトローが出現することもあります。またアメリカ人はそのような人間に妙に敬意を払ってきました。正義を否定され粗末にされた社会よりも、道徳的に勝っていると思っている人たちです。映画の『狼よ、さらば』（Death Wish）シリーズでチャールズ・ブロンソンに喝采を送り、ジョーン・バエズがプリティ・ボーイ・フロイドを称える歌に拍手をするのです。この歌のフロイドは悪徳保安官に目の敵にされ（少なくとも歌や伝説では）貧しい人々を救うために銀行強盗をしてそのお金を使ったというアメリカ版ねずみ小僧（ロビン・フッド）というところでしょうか。小説、映画、ミュージカルになった『ラグタイム』に登場する黒人の青年に共感をおぼえますが、私自身はこの青年の行動は許されないところがあると思っています。この青年は不当な扱いを受けているのに権力者が取り合ってくれなかったとき破壊的行為を繰り返します。

そして、永遠の西部劇『シェーン』の結末を懐かしく（悲しく、かもしれませんが）思い出します。

アラン・ラッドが悪徳殺し屋と悪党の依頼人とを銃で倒し、救った街をあとに馬で去っていきます。彼は使命を果たしたからではなく、復讐のために血を流したので、町から去らなくてはならなかったのです。シェーンは平和が戻った街を汚してしまう存在なのです。そこは彼のようなガンマンの安住の場所ではなくなったのです（シェーンという名前は血を流した罰として永遠にさまよい続けるカインを連想しませんか：創世記4章参照）。

もちろん、頼りになる裁判所に訴えることができたとしても、小さな犯罪（クレーム）（子どもへの虐待、隣人とのトラブル、各種の詐欺や中傷等）には適用できませんが、しかし燃える復讐の執念に変わりはありません。

復讐を回避する手だて

この厄介な感情、あるいは復讐心にどう対処したらいいでしょうか。衝動と良心と葛藤があるとき、正解は良心に従うことだと私たちは知っています。しかし、私たちは精神が弱くそれが実行できないこともあります。しかし、正義という高尚な名目——しかるべき罰を与えてよりよい社会にするのだ——で復讐をする気になったときはどうすればよいのでしょうか。

宗教上の理由から、あるいはもっと住みやすい社会にするという目的のために、憎しみを暴力の繰り返しを断つ唯一の方法は相手を許すことだと主張する人もいます。クリスチャンなら「主の祈り」にもあるように、自らが許されたいと望むなら相手も許すべきだと、キリストの「侮辱を甘んじて受けなさい」という教えにも含まれています。ユダヤ人はトーラー（訳注・ユダヤ教で律法のこと。モーセ五書を指すこともある。）の中で「こころの中では兄弟を憎んではならない」と教えらえます。そして、教訓に富んだレビ記（19・18）では「自分自身を愛するように隣人を愛しなさい」という教えの前に「復讐してはならない、恨みを抱いてはならない」という言葉があります。（ユダヤ法典によると「隣人が注水ホースを借りに来て、スコップを貸したら、壊してしまったでしょう、だから注水ホースは貸さないよ」と断るのと復讐は同じだと、恨みを抱かないということは、「ホースを貸してあげてもいいけれど、スコップのようにだめにしないで」ということになります。「いいでしょう、ホースを貸してあげましょう」とこれが最上の言い方）。

ひどいことをした相手に復讐しようとするとき必ず憎悪をいだきます。それを取り去れば心は浄化されます私たちの大多数がそうですが、復讐しようとしても実行には移しません。その結果、自分に腹は立ちますが、相手には迷惑は及びません。十年前に離婚され、いまだに前夫を恨んでいる女性に次のように言ったことを覚えています。「この何年間、何をしてきたか分かりますか。怒りの塊を手にもってマサチューセッツのここに立ち続け、それを前夫が通ったらぶつけてやろうと思って待っているようなものです。前夫はニュージャージーで新しい家族と幸せに暮らしているのに、あなたは無駄に時間を使いましたね」。そして、復讐を実行すれば自分が堕落し、相手と同じ程度の人間になってしまったと感じます。自らを責め、他人から馬鹿にされるのではないかと危惧します。復讐を考えることで人間としての値打ちを下げてしまい、何もよいことはありません。復讐を乗り越える努力をすべきです。それが尊いからではなく、その方が賢明だからです。人間の命はかけがえのないものですから、憎悪で無駄にしてはいけません。

許し

数年前、私の前作で「許し」について書いたのでその問題に対してトークショーの出演依頼がありました。番組の最初の45分間は、ひどいことをされた相手を許そうと努力した人たちとのインタビューに費やされました。その一人に犯罪の多い地域で、父が牧師の女性がいましたが、その父親はある男に殺害され、本人も撃たれて障がい者になってしまいました。また、ある男性は、子どものときに、父親が解雇した男に誘拐され、大怪我を負いました。番組が進行していくにつれ観客が納得していないのに気づきました。「どうしてこの人たちはこんなに違うのだろうか。駐車場で車をぶつけられれば、絶対相手を許せないのに」という観客の反応がほとんどで。しかも、被害者やその家族は相手を許すためにわざわざ刑務所に出向いている。番組の司会者はその出演者たちに意地悪な質問をしました。「もしも、自分の気持ちを満たすために会おうと考えているなら、ひどいことをした犯罪人のところにいくよりも、病院にいる病気の子どもを見舞ったらどうですか」。

番組の終わりに、被害者やその家族は聖人でも何でもないと主張しました。何ら違いはありません。自分を傷つけた相手と向き合い、許しを与える必要があったのです。これは気持ちにけりをつけ、このような人に振り回されるのは無意味だと自分に言い聞かせる方法だったのです。出演者の一人は番組が始まる前に私に言いました。「もし、その男を憎み続けていたらその人に気持ちの上で牛耳られてしまいます。そんなことをしても意味がありません。その男を許すのはその人を心の中から追放することです」と。

同じような例としてセルビアで乱暴されレイプされたボスニアの女性が新聞記者に次のように語っていました。「復讐をするには相手を憎まなくてはなりません。でもあんな汚らわしい男をどうして憎むことができますか。憎む価値もない男ですよ」。

何の得もないのに、復讐心に強く惹かれた場合、どうすればよいのでしょうか。

まず、法的な処罰と許しを与えることと復讐を考えることを区別する必要があります。強盗、酔っ払い運転者、消費者を騙す悪徳セールスマンなどは警察が捕まえて裁判所が裁判にかけ陪審員が判決を下すなら、それで恨みは晴れます。無駄な労力を使い復讐にうつつをぬかす必要はありません。人は犯罪を犯す動機、酔っ払い運転を起こす動機を許さないまでも、なぜか理解しようとします。「文明の成熟度を測るには被害者の感情と刑の執行が生み出す距離によって決まる」というスーザン・ヤコービの発言を思い出してください。法制度は犯罪者が罰を受けるべきかどうかを決めてくれます。そうであれば、距離感が縮まり、正当に刑の執行がなされ、有罪、無罪の判決はでるでしょう。しかし、それは許しを与えることではありません。

他人に危害が加えられても進んで許そうとする人がいますが、それには納得がいきません。そのような人は自分が被害者でないことで、犯罪は社会が生むもので、犯罪者も私たちと同じく被害者で、神は私たちの全ての罪を許したようにその犯罪者も許されるべきだと主張しますが、そのような考え方にも賛成できません。私は85歳の元ナチス党員を追跡してその戦争犯罪の罪状で裁判にかけるのに異論はありません。それは復讐心が強いからではなく——自分自身で彼らに危害を加える気は毛頭ありません——ナチスの行動が引き起こした結果に対して人間として責任を取る姿を見たいのです。そして、大罪を犯しても罰せられないのなら、ハムレットではありませんが、「世の中が狂っている」のでしょう。同じように数年前にひどい暴行を受けた信仰心の強い女性が裁判で証言拒否したという新聞を読んでがっかりしました。この女性は宗教上の理由で許しを与え復讐する気はないと言うのです。これはおかしいと思います。個人としては復讐心を放棄する権利は認めますし、敬意を払います。しかし、市民としてはその危険な男を野放しにして隣人を与えないように市民の安全を守る義務があるとその女性には考えてほしかった。

復讐からの解放

しかし、復讐したいという厄介な誘惑から解放されるには他にもっと大手術をしなければなりません。以前にも指摘しましたが、もし犯罪学者が指摘するように多くの犯罪の本質が「他人を思いのままにする」という説が正しいのなら、以前にも述べましたが、おそらく本能的な復讐心とは私たちに危害を加えた相手を傷つけたいのではなく、犯罪が行われる（思いのままにされる）前の勢力関係を平等にし、回復させたいのです。実は加害者を傷つけたいのではなく、思いのままにされる権利なんかは存在せず、自分の人生は自分の手で管理するという権利を取り戻し、相手に思い知らせたいだけです。無力感に苛まれたくないのです。誉められる方法があればそれを実行しましょう。

人間の尊厳を回復すること

アパルトヘイトが終焉したときの南アフリカで起こったことがあります。何十年間、何百人という軍隊、警察、その他の政府役人が無数の残虐な殺人行為を犯していても、新政府は全ての罪人を裁判にかければ何十年間も裁判は滞ってしまい、嘆き悲しむ感情が再燃し、国を立て直すのが急務なのに人種で分断させてしまうということに気づきました。その対策として政府は「真相告解委員会」（Truth and Reconciliation Commission）を設置しました。それは、犯罪者が自白し改悛の情を表せば、恩赦を与えることがその任務の一つでしたが、それよりも被害者が公の場で話をして聞いてもらう機会を作るのが主な目的でした。その委員会を設置した当事者でさえ、まじめに話を聞いてもらうことがいかに大きな癒しになるか予想もしていませんでした。警察に残虐な尋問を受けて目が見えなくなったある男性の自らの経験談を語った後で、「何年もの間、むしゃくしゃして仕方がなかったのは、話を聞いてもらえなかったことでした。でも今は視力が回復したような気持ちになりました」と言いました。警察の手によってある青年が殺害されましたが、その母親はインタビューでこう語りました。「これは、犯人が、息子を殺した男が、再び人間に戻ったことで、私たち全員も人間性を取り戻しました。納得したし、その制度はとてもよいことだと思います」。

被害者や被害者の家族は善人で、しかもしっかりした人たちですから、加害者を傷つけてやりたいと思ってもそれを実行する気持ちはもちろんありません。人間としての尊厳を回復したいだけなのです。そして、その委員会が被害者の証言を取り上げた時こそその尊厳は取り戻されたのです。自らの人生を生きる権利を回復したかったのです。そして、その委員会で、公の場で、加害者が悔恨の情を表し、屈辱を味わうのを見て、被害者は尊厳が回復されるのです。犯罪者たちは、もっと重い罰を受けるべきだと不満を漏らす人もいますが、大部分の人は犯罪者が傷つくのを見る必要はないと感じています。その委員会は求めていたものを与えてくれたのです。復讐をしてもそれでは気持ちは収まらなかったのでしょう。

このような癒しの力が生まれたのは予想だにしない展開でした。しかし、おそらく全く予想できないことではなかったかもしれません。これほどドラマティックではありませんが、アルゼンチンやチリでも残虐な独裁政府に代わって民主的な政府が樹立されたとき、同じような調査委員会が設けられました。兵士や警察は拷問や殺人の事実を自白しました。彼らは証言台で涙を流し、改悛の情を示しました。ほとんどの場合、被害者やその家族はさらに重い刑を要求し、苦悩する母国を、再び分断させる必要性を感じませんでした。アリエル・ドーフマン作の舞台劇『死と乙女』(Death and the Maiden)でチリ人女性をレイプし、拷問した医者が登場します。医者にレイプされたその女性はその医者が圧制政府のスパイだと見抜きます。その女性はその医者を見つけ殺そうとしますが、彼は無罪を主張します。しかし、ついに観念して罪を自白し、自分の行為を恥じている姿を目の当たりにして、彼女は殺そうと思わなくなりました。その医者が屈辱を味わったことで相手を殺すよりもっと大きな癒しを与えられたのです。

第二次大戦後のヨーロッパで、ホロコーストの生存者が、もしも生き延びたら復讐してやろうと何年も思い続けていたにもかかわらず、自分たちを苦しめた人々が権力を剥奪されて惨めな気持ちでいるのを見て復讐を断念したという話も聞きました。ある男性は彼らの生殺与奪権を握ってそれを実行したとしたら、同種の人間に成り下がってしまうのに気づいたと言っています。

南アフリカの「真相告解委員会」に関する記事で、ある発言が目にとまりました。それは、心理学者のジュデス・ハーマンが雑誌『アメリカン・プロスペクト』に書いた記事です。「被害者が求めているのは普通、汚名を晴らすことですが、本当は自分たちが経験したことは悪だと、世間の人に知ってもらいたいのです。恥という重荷を取り除き、加害者にそれを感じてもらいたいのです」。

しかし、どうして恥なのでしょうか。何故被害者が恥を感じなければならないのでしょうか。恥を感じるのは強盗を働いた側、レイプをした張本人、拷問を加えた人のはずです。私は長年にわたってレイプの被害者、近親相姦の被害者の相談相手になってきましたが、彼らが恥を感じるのをいつも不思議に思っていました。何を恥じ入る必要があるのでしょうか。罪のない犠牲者ではありませんか。しかし、最近になってようやくそれが理解できるようになりました。彼らが感じている恥とは、無力さ――自分が肉体的に清廉でなくなったという気持ち――なのです。路上で強盗に遭い、心まで盗まれたようだと言った人がその気持ちを説明してくれました。ホロコーストの生存者たちに経験談を話してもらったことがありますが、その一人に6歳の時、両親が連れ去られて殺された男性がいました。全員が鮮明に覚えているのは、その加害者の残虐さではなく、自分たちの無力さでした。

私はこのことから、多くのことを学びました。復讐に燃えているとき私たちが求めているものは実は復讐ではなく、奪われた自分の権利と尊厳を回復したいと思っていること。もし、加害者と対決するとき、強い気持ちを持ち、相手を傷つけず精神的優位に立つ道徳的にもっと妥当なやり方があれば、ほとんどの人はそれで満足するはずです。

修復的司法

数年前、アメリカの法体系は「被害者影響度声明書」(Victim Impact Statement)という名称で知られる制度を作り上げました。被告に有罪の判決が下った後、刑を宣告させる前に被害者の家族は相手がどんな犯罪を起こしたか(殺人、強盗、酔っ払い運転による殺人)を法廷で聞かされます。また被害者がいかに素晴らしい人間だったか、彼らの生活がその犯罪によってどう変わってしまったか、娘が慕っていた父親を失い、それでも生きていかなければならないこと、両親がどんな気持ちでひとり息子の葬儀をしたかなどを語ります。本来の目的は判決が被害者やその家族に与えた影響に見合っているかどうかを裁判官が見極めるためのものです。しかし、南アフリカのように予想もしなかった別の結果が生まれたところもあります。述懐するように勧められた家族の約半数は話を聞いてもらった後、判決が重いか軽いかは問題ではなくなりました。彼らは安全な社会にするために、犯罪者がはびこることなく刑務所に送り込めばよいというのです。犯罪者が苦しむのを見たいとはもう思わないのです。裁判官や陪審員に話をまじめに聞いてもらえることで被害者は背負っていた無力感を払拭し、生きる力を取り戻すのです。

文明が進歩すると、被害者のために面倒な裁判手続き、懲罰手続きをしなくてよくなりますが、そうなると被害者の心に精神的空白ができてしまいます。人々は大声で叫びます。「レイプされたのは私よ」、「殺されたのは私の子どもよ」、「どうして裁判は国と被告の争いなの、私の出番はないの」。被害者が気持ちを吐露し、話をまじめに聞いてもらえれば、その空白は埋まります。

最近のアメリカ法曹界は「修復的司法」と呼ばれる正義を再生させようという方向に向かっています。「懲罰的司法」の目的が適切な刑罰を下すことに対して、修復的司法の支持者は次のように解説します。

「まず、被害者が癒しを与えられ、再生できるように力を貸すことです。第二に犯罪者に責任を取らせます。被害者は被害を受けた社会に改善する方策を見出すために犯罪者を参加させるのです。そうすれば、被害者も犯罪者も社会に復帰できるようになります……。『修復的司法』は過去ではなく将来を見据えた正義だという新しい意味を持っています」。

「修復的司法」は法廷での展開を検察側と弁護人との対決でなく、被害者と社会との対話と捉えます。被害者は、証言を崩そうとする相手方の弁護人の反対尋問なしでは話すことができます。結局のところ、ほとんどの被害者は人が罰せられるのを必ずしも喜びません。ジュディス・ハーマンの「自分たちが経験したことが悪だと世間の人に知ってもらいたいのです」という言葉を思い出してください。私が相談にのった近親相姦の被害者の女性は、何年もセラピーを受け、支持団体の助けを借りましたが、結局はうまくいきませんでした。彼女は加害者である兄に「お前には責任がない。ひどい事をしたのは俺だ」と言わせることができなかったからです。その一言を聞けば、何よりも救いになるだろうと彼女は信じています。

南アフリカやアメリカの法廷での出来事は、復讐で得られる満足感を、相手を傷つけることなく得ることができるということを教えてくれます。もし、渇望するもので生きる力が取り戻せるなら、ほかにも方法があります。しかも後で後悔しないようなやり方が。状況によっては求める正義が正当なものであれば、当局者に手を打ってもらうこともできます。私たちに不愉快な思いをさせた友人や近所の人と穏やかに話し合い、謝罪を要求するのではなく、その気持ちと不快感を相手に伝えることができます。相手の迷惑行為ではなく、こちら側の気持ちに焦点を当てるのです。そうすれば、相手の反応にびっくりすると思います。時には——必ずあって欲しいですが——相手はそれを真摯に受け止めてくれることがあります。悪魔だと思っていた人が実はそうではないのです。しかし、このやり方の良くない例としてうちの教会に来ている信者の息子を思い出します。最近、息子が結婚したが、妻とうまくいかないというのです。その信者は息子夫婦について次のように言いました。「嫁の母親と話し合おうと思っています」。「それはよいことです」と私は答えました。しかし、その信者はさらに次のように言いました。「どうしてあんな利己的な人間に育てたのかって、言ってやります」。その結婚は長続きしませんでした。

よく医学グループから患者と患者の家族の視点から見た医療について講演を頼まれ、そのような集まりで次のように言います。患者が医療過誤訴訟を起こすのは医者が間違いを犯したからではなく、医者は患者のことを親身になって考えてくれない（マネージド・ケア制度の締め付けでさらに状況は悪くなっています）からだと。医者と患者が歩み寄り、お互いの言い分を聞いて患者の訴訟をうまく調停できた例がいくつもあります。それは、一般的には医者が判断ミスを謝罪し、同じ過ちが起きないように努めることです。患者も期待感を持ちすぎていたので、その時は動揺してしまっていたのです。法廷で相手を敵対視し、必要以上にお金をかけて事を荒立てるのではなく、お互いに得をする結果を出せるようにするのです。

どんな方法もうまくいかない場合には、状況が深刻かどうかにかかわらず、それを乗り越えようとすれば強くなれます。許さない、忘れない、ではなく、超越の精神です。近所に住む、分別のない、礼儀知らずの人と議論をするのは、豚と泥の中で格闘するのと同じだと言った人がいます。両方とも泥だらけになりますが、そうなれば、喜ぶのは豚です。争いごとがあるとき、その場を立ち去るのが一番です。それは弱みや恐れからではなく、強さから出る行為で、喧嘩をして少し満足したとしても代償の方が大きいと分るからです。私は次のように言います。「相手を許す強さが必要です。復讐することしか考えが及ばないのですか。許しは相手にかける情けではなく自分のためなのです」と。

聖書の「出エジプト記」に学ぶ

聖書の「出エジプト記」はユダヤ人がエジプトで奴隷として苦しむ様子を描いています。エジプトの統治者ファラオは、ユダヤ人奴隷に生まれてくる男の子を直ぐに溺死させるように命令しました。また、ユダヤ人はファラオの宮殿や貯蔵所を立てるためのレンガ作りを命じられました。そして、毎日のノルマを達成しないとムチで打たれました。不満を漏らすとファラオはレンガ作りのための藁(わら)を自分で集めるように命じました。神の奇跡的な介入によってそのみじめな生活から解放されるのです。ですから、「申命記23・8」の次の一説を読むと驚いてしまいます。「酷使したからといってエジプト人を憎んではならない。彼らはあなたの兄弟である。あなたはその国に寄留していたからである」という箇所です。あなたを虐げたエジプト人を忌み嫌わないで許すことが、過去の恨みを引きずって悶々とするより得策だからです。あなたの魂が憎悪で蝕まれている限り奴隷のままです。ユダヤ人がエジプトから脱出を記念して行う過ぎ越しの祭りのセデル（訳注・エジプト脱出を祝う一週間の儀式）で私たちは奴隷だった苦しみを思い出すために食事の前に苦い薬草を口にします。そして、直ぐに解放のシンボルであるマッツァーと呼ばれる酵母の入らないパンとワインでその苦みを消してしまいます。

強い復讐心は実際には生きる力を取り戻します。また、被害者の立場から脱却し無力感を行動で表したいというのなら、他人を傷つけたり自らの善良さを失わずにその目的を達成する方法があります。ロシア人の詩人で著名な詩人の故オシップ・マンデリシュタームの妻ナジュージダ・マンデリシュタームの回想録に素晴らしい例があります（オシップ・マンデリシュタームは1934年にスターリンの秘密警察に逮捕され、その後直ぐに獄死しました）。この未亡人は、ある女性が夫であるマンデリシュタームを裏切って、スターリンに反逆の恐れがあると偽情報を当局に売り渡したことを知りました。マンデリシュターム夫妻の社交仲間の一人だったその女性は常習的密告者で共通の友人が何人も投獄、拷問、殺害の憂き目に遭いました。ナジェージダ夫人はこの女性が近いうちに五十歳の誕生日を祝う豪華なパーティを開くと聞いて復讐計画を練りました。その女性に裏切られた生存者を集め、そのパーティに押しかけ友人の前で恥をかかせてやろうと計画しました。そして、パーティが開かれた夜、この未亡人と裏切られた人々はその女性のマンションに押しかけドアのベルを鳴らしました。その女性はドアを開けて、誰が客かを知り、気絶してしまいました。彼女のために人生を滅茶苦茶にされたその人たちは彼女を抱えてソファーまで運びました。その女性は水を飲ませると意識が戻りました。彼女が意識を取り戻すと彼らは一言も言わずに家を出ました。裏切り者が弱い人間で無力感にとらわれているのを知ると復讐心は消えてなくなりました。彼らは彼女と同じレベルに落ちてまで無力な人間を傷つける必要はありませんでした。それで十分だったのです。

ほとんどの場合、復讐に対する私たちのジレンマは個人的です。傷つけられたり、いやなことをされた場合、復讐したい誘惑にかられます。しかし、復讐の問題に関して言えば、私たち2億人のアメリカ人の集団的感情が公共政策として取り上げられることがあります。政府指導者は私たちの意見に耳を傾けますが、それは選挙目当てであることもありますが、私たちの希望を代弁しなければと思い、その感情を法律に反映させようとしているからです。この最も顕著な例が、特に重罪犯を処刑する死刑制度です。

私は昔から死刑制度に対しては非常に複雑な思いを抱いていました。あるときは賛成に回って当惑したり、またあるときは意図的に人間の命を奪うのは道徳的堕落だとも感じたりもします。特に残酷でサディスト的な殺人事件の記事を読むと次のように考えてしまいます。「こんなことをする奴は生かしておく必要はない。薬物注射による処刑なんか、なまぬるい。被害者が味わったように死ぬ前にもっと苦しむがいい」と思います。死刑制度を訴えた映画「デッドマン・ウォーキング（Dead Man Walking）を見た時、二人の罪のない若者を殺害した男が処刑されるのに快感を覚えました。しかし、実際のところ映画が殺人者の状況に焦点を当て過ぎて殺された被害者の女性の父親の苦しみをほとんど無視し、その父親が相手を許す度量の足りない人物として描かれていることに対しても憤りさえ感じました。

しかし、死刑制度に反対なこともあり、功をあせる検察官、無能な弁護士のせいで起きる冤罪（えんざい）で処刑される危険性、それから血を求める大衆の声に威圧的な雰囲気になる恐れを感じることもあります。被害者の人種や社会的身分、あるいは犯罪が起きた場所が州境や郡境の内か外かによって死刑が決まる可能性があると思うと心が痛みます。

このように心が揺れ動くのは私だけではありません。最高裁判所が死刑制度の合憲性を僅差で認めた時、九人の裁判官はそれぞれの見解を述べて賛成、反対の論拠を明示しました。九人の裁判官の一人は、賛成意見として最悪の犯罪は禁じられた行為で人間の尊厳を否定するとして、究極の処罰を課すのは民衆の深い感情的欲求に応えるものだと述べました。

復讐(ふくしゅう)と贖罪(しょくざい)

しかし、不当に奪われた生きる力を回復するには、その殺人者を殺さなくても他の方法があると生存者が気づくことも大切です。シェーンやハムレットのように、私たちが傷ついたように相手も傷つけてやると直ぐに考える本能的欲求に屈服しないで、私たち自身の人間性を保持すれば、死刑でなくてもその犯罪に見合った重い刑罰を探すことができます。私たちは犯罪者が苦しむのを見て喜ばなくとも社会を守ることができます。親がイライラして子どもを殴るのは子どもが自分の権威をないがしろにし、自分が家長だということを相手に分からせる別のやり方を知らないからで、社会が犯罪者を処刑することも同じことなのです。しかし、普通、親は少なくともお尻を叩いたり、折檻(せっかん)をすると後味が悪いと感じます。犯罪者の呪縛から解放されるには彼らを殺す必要はありません。殺人者に仮釈放の可能性を与えず、一生刑務所に入れておけば再び殺人を繰り返すことはありません。そして、これが十分に重い処罰です。悪人の命を奪うという感情的な満足感がないだけです。そして、もし無罪の人間が決して処刑されてはならないと心底思うならば、そのような満足感などないほうがよいのです。サディスト的な殺人者は苦しんで当然だというのは的外れの考えです。他人の苦しみを弄ぶことがあってはならないということが重要です。

族長であるヤコブが晩年に起こる一連の出来事を通して、聖書は復讐とそれを忘れる贖罪の力について偉大な物語を提供してくれています。その話は聞いたことがあると思いますが。ヤコブの息子たちは年下の弟ヨセフに激しく嫉妬しますが、それは、ヨセフが父のお気に入りだったからです。ヤコブの兄弟たち全員がヨセフに従う夢を見ました。ヨセフはそのことを兄弟たちに告げましたが、それが嫉妬を増幅させる結果となりました。彼らは弟ヨセフをエジプトに向かうキャラバンに奴隷として売ります。しかし、神の恵みと一連の幸運な出来事のおかげでヨセフはエジプトの司政者になり、長い飢饉のあいだ食糧を分配する仕事を任されます。飢饉でエジプトを逃れたヨセフの元に、ヤコブの兄弟たちが司政者であるヨセフに穀物を売ってくれるように懇願します（ヨセフはその一行が自分の兄弟だと気づいていました、兄弟たちは気づいていません）。彼は二十年間、兄弟のひどい仕打ちに対する復讐心を抱いていたので、今こそ、恨みを晴らす絶好の機会だと思いました（ヨセフにはマナセという第一子がいました。マナセは「忘れさせる」という意味ですが、それは神がエジプトに追いやられた不幸を忘れるのに力を貸してくれたからです。しかし、このような名前をつけるということは、事態を全く忘れていない証拠です。それはふられた恋人に「君のことはもう忘れたからね」と書いたバースデー・カードを送りつけるようなものです）。ヨセフは念入りに計画をめぐらして、兄弟たちが穀物を買うのに払ったお金を自分が所有する金のカップと一緒に袋に戻しておき、それを投獄する口実にして自分が奴隷にされたように彼らを奴隷にしてやろうという計画を立てたのです。しかし、打ちひしがれ屈辱に耐えている姿を見るとその計画を実行できません。彼は、自分が本当に求めているのは復讐ではなく家族だと気づきます。悪行を働いた人を罰すれば満足感を得られるかもしれないし、正義を勝ち取ることもあるかもしれません。しかし、それでは友人も家族も失うことになるでしょう。シェーンのように大義を果たしても孤独になります。ハムレットのように復讐の過程で身を滅ぼすでしょう。ヨセフは自らの正体を明かすと泣き出し、次のように言います。

「わたしはヨセフです。お父さんはまだ生きておられますか」。

重罪の犠牲者になる可能性は他人事ではありません。ですから社会が迅速で妥当性のある裁判を執り行うことを望みます。私たち全員が残酷な行為、心ない行動、些細な悪さなどの犠牲者になる可能性があります。そんな時、悪魔のように呼びかける復讐と自らの人間性の回復という二つの選択肢から選ばなくてはならないでしょう。

前者は魔力のあるものですが、魂をけがす代物です。

後者は復讐心に打ち勝つことで自らの人生を取り戻すものです。

天使がどちらに味方するのかが分かります。

第5章　シャローム——インテグリティを求めて

インテグリティ

1995年12月11日の月曜日の未明、大火災が発生。マサチューセッツ州、織物工業プラントが立ち並ぶローレンス市のモルデンミルズ工業団地でその火災は起こりました。消防士と近隣の自治体の助けを得て消火に努めましたが、ほとんどの家屋は全焼してしまいました。幸いにして、犠牲者はないものの、ローレンスの町が被った精神的、経済的な打撃は計り知れないものでした。3000人のモルデンミルズの従業員たちは、クリスマスを2週間後に控え路頭に迷ってしまいました。ローレンスのほとんどの人たちは、この機に乗じてモルデンミルズの経営者が工場を南部の低賃金地域かあるいは海外へ移転させると思い込んでいました。また、町が受けた経済的損失の方を心配していたのも事実です。

けれども、なんと火事の翌日、モルデンミルズの経営者であり、創立者の孫息子のアーロン・ファーンスタイン氏は、従業員名簿の全員に仕事のあるなしにかかわらず今より三か月先の給料を支給し、さらに同じ跡地に工場を再び建て直すと約束したのでした。その時語った言葉は、

「私はここで働く皆さんにご恩があります。また町の方々にも。皆さんを見捨てるような真似は

死んでも出来ません。大きさではニューヨークのウォールストリートにある会社などとは比べものにはなりませんが、心のつながりでは誰にもひけをとらないつもりです」

というものでした。

ファーンスタイン氏は国民的英雄になり、この称賛の物語はテレビや雑誌を賑わせました。そして、当時のクリントン大統領は大統領の年頭教書演説に彼をゲストに招き、夫人のヒラリー・クリントンの隣に座らせ全国民に紹介しました。

ファーンスタイン氏自身、実際はローレンスには住んでいないにもかかわらず、自分の財政より従業員の生活と町の繁栄を優先させたわけです。どうすれば、こういう行為ができるのでしょうか。ファーンスタイン氏は敬虔なるユダヤ教信者で、神への祈りはもちろんのこと、聖書とタルムードは欠かさずに読むことを日課としています。しかし、ご存知のとおり宗教を信じている人が必ずしも理想的な隣人ではないし理想的な市民ともいえません。しかし、ファーンスタイン氏の信仰が確かに背中を押すパワーを与えたことは事実であると思われます。マスコミが彼の行為に拍手を送っている国民にこのパワーについて説明するときに使っている言葉があります。それは、気高く、私欲に走らず、わいろなどには目もくれない、心が清く、本音と建前が一致していて裏表のないことを意味する「インテグリティ」（integrity）という言葉です。

もし、家を売ることになり水回りに問題があったとして、あなたはそれを尋ねられるまで買主に話さないか、よしんば潔く話すか、お金を使う場合、慈善事業に寄付するか、自分の楽しみに使うか。単純に誘惑に負けるか、勝つか。「インテグリティ」に徹すれば、志は必ず一つの方向を指し示してくれます。空手家が素手で神経を集中して分厚い板を割るように、「インテグリティ」な人は、心がバラバラにならずにエネルギーが一か所に集まり一つの目標に向かって偉大なことを成し遂げるのです。「インテグリティ」な心の持ち主にとって、人生は決して平坦ではありませんが、素直で平易そのものなのです。正しいことを見極め実行するだけなのです。迷いはありません。他の選択肢の入る余地がないのです。

本音と建て前を分けない

２０００年の大統領選挙のとき、作家ジェームズ・ファローズ氏（James Mackenzie Fallows, 1949－）は「政治家に限らず仕事上で人の心を動かす指導者の資質は何でしょうか。女性でも男性にでも、人に『この人についていこう』と思わせる資質は何なのでしょうか」と、問いかけています。氏はそれを「全人的性格」(a sense of wholeness)を備えていることだとして、知性、感情、意志のバランスが取れていて主義や言動に一貫性があり今日も明日も常に変わりなく、大事にも小事にも公平無私で取り込むことができる資質が備わっている人こそが相応しいと。ですから、自分と相反する立場を取る候補者にも拍手を送ることができます。ちょうど、体力に自信のない若者が、クラスメートで運動能力に恵まれている友だちを褒め、また、大人の場合は、どっちつかずで一貫性のない人が、志操堅固な人に敬意を払うのと同じでしょうか。

よく知られたヘブライ語で、シャローム(shalom)という語があります。普通「平和、平安」を訳されますが「喧嘩がない状態」を意味します。また、「完全」という意味もあり、無傷で欠けるところがなくひとつにまとまっている様相をも表します。ちょうど、争いがない国家間の平和共存や人と言い争いをしない状態と同じように、シャロームとは自分の中で矛盾を起こさないし、ジキルとハイドのような存在は共存しないということになります。誰かにシャロームと言えば「完全さ」と「インテグリティ」とが与えられますように、ということになるわけです。

10か月たっても、ファーンスタイン氏はよい意味でも悪い意味でもマスコミのネタにされていました。その頃、私も参加した聖職者の集まりでファーンスタイン氏は最初に講演をして非常に感動的な話をしました。私は閉会の辞を述べることとなり、ファーンスタイン氏に会えるという機会に恵まれたのです。そのせいか、私は準備していた話を半分以下にしてほとんど氏の話に終始してしまいました。その時のさわりを少しご披露すると「ドイツ語でもユダヤ人の国際語でもあるイディッシュ語でもファーンスタインという名は、ファイヤー『火』ストーン『石』、元は火をつける火打石を表していましたが、今は耐火石材を意味します。ここにいらっしゃるファイヤーストーン氏、いや、ファーンスタイン氏は文字通り火の中からよみがえった石の人そのものでありまして、それも難攻不落の金剛石みたいに壊れず倒れず、もちろん燃えるわけもありません。12月の寒さのなか出火したのですが、逆に、氏の熱意で（火の熱を吸収し）、焼け出された人たちの寒さをしのいだというわけです。」

ファーンスタイン氏は特別に義侠心に厚い方で、「インテグリティ」のある方ですが、実業界では珍しいというわけではないようです。何年か前にクリーブランドで、ある出版社が主催する討論会があり、その際にビジネスの世界でベストセラーになった『一分間マネジャー（One Minute Manager）』の著者で仲間のケネス・ブランチャード氏（Kenneth Blanchard, 1939－）と私が何人かのパネリストとともに招かれていました。会合の帰りの空港で、ケネス氏はカリフォルニアへ、私はマサチューセッツへ行く双路の通路で、立ち話をしていて、話はケネスが自分の書いた本のことに及びました。それが、すごく興味深かったのです。ケネス氏は、神が自分のことをこの世に遣わしたのは労働者と雇用者の関係、営業マンと顧客の関係を血の通った人間関係にするためだと言ったのでした。本当に職場を覗いてみると、血も情けもない非人間的関係がいかに多いことかが分かります。商売する相手は全く見ず知らずの人なわけですが、その人のことを同じ人間の同胞とは考えずになぜ使い捨てカメラのように扱えるのでしょうか。経営者や管理職の人は従業員や社員が何か間違った時にだけ忠告するのではなく、適時よい仕事をした時にも激励するようにするのです。これは社員にもっとよい仕事をしてもらう単なる戦法ではなく、職場や工場をもっと働きやすい場所にする取り組み方だといえます。会社のために社長も社員も魂を売り渡さなくてもよい方法なのです。ケネス氏が経営陣に特に警告しているのは、社員たちが人として扱われずに冷遇されていると感じると、その社員たちが過剰に病欠をし、会社の備品をくすねたり仕事をさぼったりすることで借りを返そうとするようになるということです。

ケネス氏がノーマン・ビンセント・ピール牧師と共著で出版した『倫理的経営のパワー』(The Power of Ethical Management)の書物の中のキーポイントの一つに「間違ったことをするのに正しい方法はない」というのがあります。この本を読むとビジネスでいかに「インテグリティ」が必要かという叫びが聞こえてきます。原則論で言うと、昇進して給料が上がっても魂を見失ったら会社は一体何をしてくれるのでしょうか。作戦としては嘘や騙しのあの手この手でセールスを成功させても、社員が他の会社に移ったときにその会社の秘密を漏らしたり、必要経費を水増ししたりするのをどうやって防ぐつもりでしょうか。これを読んでいるあなたも自問自答していただきたいのです。もし、「勝つために、騙せ」と言われたら、いったい何の商売をやっているのかもう一度よく考えたほうがよいと思いませんか。

「インテグリティ」の塊のようなアーロン・ファーンスタインとケネスの二人ですが、どのようにしたら二人のようになれるのでしょうか。正しいと思うことをする内なる力をどこで見つければよいのでしょうか。いったん外に出て働けばまったくと言っていいほど正しいことが行われていないというのに。

ここでちょっとしたクイズをしてみましょう。もし、歴史上の人物に会うことができて一つ質問をするとしたら、あなたは誰に会いたいですか。そして、その人物にどんな質問をしますか。答えとして結構多かったのが、「イエスさまに会って、神さまの存在を信じていない善人は天国にいけないのかどうかを聞きたい」というものです。

平凡ですが、ベーブルース（George Herman "Babe" Ruth, Jr., 1895 - 1948）にワールドシリーズで対戦相手がカブスのとき、ホームランを本当に予言したのかという質問もありました。

預言者エレミヤ

私が会いたい人を選ぶとしたら、私が尊敬する英雄である預言者のエレミヤを挙げましょう。エレミヤは今から2600年ほど前に生きていた人です。エルサレムでソロモンの神殿がバビロニア人によって壊され、同郷の多くの人々がバビロニアに追放されたのをエレミヤは見たのでした。エルサレムが陥落する数年前、エレミヤは同郷の人々に警告しようとしていました。そして、貧しい人たちに対して迫害を止めないなら、また、偶像崇拝を止めないなら、「神は町と神殿から退くでしょう」と言いました。この発言でエレミヤは評判を落とし、裏切り者の汚名を着せられ、国賊で危険人物として幽閉されてしまったのです。バビロニア人の勝利を予言したので、バビロニア人をひいきしていると思われたのでした。預言者は未来を語るのではなく、預言者は真実を伝えるのだということをエレミヤが最初に証明した偉大な預言者のひとりなのです。

その当時の歴史を見てみるとエレミヤはユダヤ教を救い、キリスト教の出現を可能にした人物だと言えるでしょう。神殿が破壊されたのはバビロニアの方が軍事的優位だったからではなく、神罰だったというエレミヤの託宣を無視し、心を入れ替えて行いを改め、神と和解できる道を示さなければ追放されたユダヤ人は、バビロニアの神々はイスラエルの神よりも力があり、もっと確実な庇護を受けられると、結論づけたのかもしれません。

そして、戦いに負け追放されたアンモン人やモアブ人が消滅したのと同じ道を辿りバビロニア社会に同化して、バビロニア人になったのかもしれません。そして、紀元前6世紀には、ユダヤはなくなっているので（捕囚）、キリストが誕生することもなかったでしょう。

エレミヤは「主の言葉が私に臨んだ……」と言いましたが、それはどんな意味なのか質問したいものです。神はどうやって人々と話ができるのでしょうか。それが神の声で、人間の希望的な思いから発せられたものではないと、どうして断言できるのでしょうか。私たちの頭の中はたくさんの声が交錯していますが、その中でどうしてそれが本当の神の声だと分るのでしょうか。私は神の声を聴いていると感じたのは古代の限られた人だけが体験したことなのか、あるいは衝動的に勇気ある行動を取ろうと思った時の経験と似たものなのかを知りたいものです。

エレミヤに私から質問することをまとめれば、次のようになるでしょう。

「神の言葉が私のところに届いたとき……」とあなたが言ったのはどういう意味だったのですか。また、どのように神は民衆に語りかけたのでしょうか。あなたの心の中でこだまする数々の声の中でどうやって神の真の声だと区別するのでしょうか。

執筆していても適切な言葉がみつからないときや反対に急にぴったりした言葉がひらめくことがありますが、その時にどうしてその言葉が頭に浮かんだか、どうしてその言葉が直ぐに思いつくことができなかったのか、と頭をかしげることがあります。神の声を聞くのはそのような経験なのでしょうか。道徳問題で気持ちが揺れているとき急に霧が晴れて目の前に正解が広がっているのが見えることがありますが、それはこの経験と似ているのでしょうか。あるいは、これまで経験したことのない全く違った経験なのでしょうか。

預言者は、その預言者個人についてはほとんど語らないのが普通ですが、エレミヤは自分自身を全面に出して預言してくれる人でした。預言者であり、神のスポークスマンとしてのエレミヤの言葉にふれてみましょう。

主よ、あなたがわたしを惑わし
わたしは惑わされて
　あなたに捕らえられました。
あなたの勝ちです。
わたしは一日中、笑い者にされ

人が皆、わたしを嘲ります。
わたしが語ろうとすれば、それは嘆きとなり
「不法だ、暴力だ」と叫ばずにはいられません。
主の言葉のゆえに、わたしは一日中
恥とそしりを受けねばなりません。
主の名を口にすまい
もうその名によって語るまい、と思っても
主の言葉は、わたしの心の中
　骨の中に閉じ込められて
火のように燃え上がります。
押さえつけておこうとして
　わたしは疲れ果てました。
わたしの負けです。（エレミヤ書20・7―9）

預言者とは

この箇所は、私の師であるアブラハム・ヨシュア・ヘッシェル（Abraham Joshua Heschel, 1907 - 1972）先生によりますと、「神からの招聘で預言者になれるわけで、自らの意志ではなく、何か目に見えない大きな力に憑かれる感覚である」と。推測の域をこえてはいますが、神の声が聞こえようが聞こえまいが、自分が何をしたいかしたくないとかということすらも問題にならないほど圧倒的にすごいことなのです。

エレミヤ書の第28章で特筆すべき事件が描かれています。エレミヤはバビロンの勝利を預言してエルサレムの一番の嫌われ者になりました。その預言は、神はバビロンの捕囚の民を救済しない、というもので、それは以前と同じように救済に値しないという理由からでした。エレミヤは役畜（耕作や運搬などの労役に使う家畜。）を真似て、首にくびきをかけるようになりましたが、それはこれから起こる災い——つまりバビロンの捕囚の民がバビロンの王、ネブカドネツァルの支配下で暮らさなければならないとき——を象徴するためでした。ある日、ハナンヤという名の預言者に挑戦を挑まれます。その預言者はエレミヤの首から木の軛を取って砕き、神の御名においてバビロンは敗れ、バビロンの民は救われると宣言しました。しかし、エレミヤはユダの民を批判しましたが決して民を見放しません。その宣言に対してエレミヤはこう答えました。「アーメン。どうか主がその通りにしてくださるように」。彼は個人的には彼らに危害が及ばないことを願い、誰よりも勝利をしてもらいたいと願っていましたが、神の叱責の言葉は「心の中で燃えさかる火」でした。彼は真実を語るしかありませんでした。

ハナンヤと対決した後、エレミヤは帰宅して自問します。「私が真の預言者だという確証があるのだろうか。人々が私を罵るのではなく私を歓迎してくれる言葉を、神の名において語ることがなぜできないのか。ともに祈りを挙げてくれるようになる言葉を伝えることができないのだろうか」。後で答えを見出しますが、それは正しい預言にも偽りの預言にも明確に述べられている訳ではありませんが、暗に示されるものです。預言者は主のみ旨が告げられるまで、静かに「待つ」のです。

神の声

何年か前、英国で指導者的立場にある有名なユダヤ人がその最高責任者に選ばれようとしたときにそのユダヤ人にはその職に値するほどの信仰がないといううわさが流れました。選考委員たちは真意のほどを確かめようとその人物を呼び出して聖書のある個所を読ませました。その箇所とは旧約聖書のサムエル記上の15章で、サウルという王にサムエルが「万軍の主はこう言われる……。今行って、罪を犯したアマレクを滅ぼし尽くせ彼らを皆殺しにするまで戦い抜け、容赦してはならない。男も女も子どもも乳飲み子も、牛も羊もラクダもロバも殺せ」と語るところです。委員の一人が、「この箇所は神がほんとうにサムエルに言ったと思うか」と質問しました。すると彼は「サムエルはその言葉を耳にしたとは思うが、神がそれを口にしたとは信じがたい」と答えました。厳しさではなく思いやりを示し、罪もない命を慈しみなさいと神の声は教えます。神は常に私たちの多くが死ぬことではなく、生きることを望んでいます。結局、そのユダヤ人は職に就くことができませんでした。質問した側は、求める切なる声に耳をかたむけずに、状況で本人が思い込んだことを神の声だと信じ、選んでしまったのです。

アーロン・ファーンスタインにモルデンミルズを再建しなさいと命じた声、ボランティア活動を選ばせた声、自分自身よりも家族の気持ちを優先するようにさせた声も、みんな神の声なのです。普通なら、考えつかない自分勝手に考え、自分が考えたというでしょう。では、どのようにしてその声が頭の中で鳴り響くのでしょうか。ある意味で「インテグリティ」を求めることは神の意志を良心に直結させて、魂を表裏分離させないで常にひとつにすることです。

ヘッシェル先生はエレミヤのことを次のように書いています。

「エレミヤの中から吹きでた憤りや怒りはまるで彼の魂の叫びのように聞こえました。ですから、その憤りや怒りに触れた人はそれがエレミヤ自身の怒りと捉えても不思議ではなく、実は神の怒りではなかったのでした。その時点では彼自身の怒りだったのです。エレミヤはそれを教訓にし、神の視点から世の中をみるように反省しました」。

自分に都合のよいことを正当化するために神の名前を持ち出す偽預言者(エセ)たちは、自分たちが作り上げた言葉を神の言葉と偽る腹話術者ですが、それは自己問答にしかすぎません。創世記に登場する族長ヤコブが家を飛び出した夜、夢の中に現れた彼が万事うまくいくから心配ないといってくれたとき、それが本当に神だったのか、あるいは希望的思考であったかは分かりません。しかし、ヤコブがエサウに会う前の夜に良心に苛まれ、一晩中格闘を続け朝になって足を引きずる羽目になったとき、神は確実にそこにいました。神の声を聞くには、ジレンマに陥ったときには苦しい道を選ぶことが不可欠です。

福音派のW・ジョーン・ホワイト牧師は入院している同僚を見舞いに行ったときに、神の声を聞きました。牧師の友人で近所に住むジュアン・リベラ牧師は重い腎不全で移植手術のドナーが見つからずに困っているところでした。ホワイト牧師は、病室で起こったことをこう話してくれました。「ジュアンは意識がありませんでした。その時、聞こえたのです。あらゆる手を尽くしてジュアンを救ってほしいと訴える声を。本当に聞きました」。ジュアンは手術を受けなければ死んでしまうと気がついたとき、ホワイト牧師は妻にも相談せずに決断し、自ら進んで腎臓の一つを提供しました。

人生の模範となる人

神が何を思い求めようとしているか、何をさせようとしているかを知るにはほんとうに大変苦労します。ヤコブも天使から気軽に信託を受けたわけではないのです。ヤコブも天使とは格闘しました。ラビのローランド・ギッテルソンも私の理想の人物のひとりで、何百人という若いラビの模範となる人です。ギッテルソンは神学においては正直さを、人間関係では礼節を説きました。第二次大戦中、海軍の聖職者として硫黄島玉砕に参加しましたが、戦いの後、その地に建てられた海軍基地の除幕式で感慨深く、こう祈りました。「生き残った兵士がこれから戻る祖国アメリカの地で、黒人も白人もユダヤ人もクリスチャンも、平和の時もお互いに親密に助け合う関係が続きますように」と。ギッテルソンは海軍の従軍ラビになる決心をしたことを次の一節で語っていますが、それは、エレミヤ書を彷彿とさせる内容です。

それは私の人生の中のジレンマでもっとも苦しい時期でした。夜昼となく、そのことで悩みました。

私は高校時代から絶対平和主義者で通してきました。さらに重大な社会危機のときこそ、信者は私のことを一番必要としていると自分に言い聞かせていました。それに若い信者の多くがこの戦争に駆(か)り出されていました。この戦争はある意味で、ユダヤ教とユダヤ人の存亡がかかっているとも言えました。

若者たちは私と違って自主的に選択する余地などあるわけもなく、私は彼らがどのような責任を取れるか、考え込んでしまいました。その当時は祈りに祈りを重ねていました。今まで以上に思いを込めて祈り続けました。祈っている中で、次第にある答えを見出しました（いや見出されたと言っていいでしょう）。

神の存在を感じました。以前はそれを宇宙的性質と思っていましたし、心底から感じたわけではありませんでした。私の決断は、人間がこの地球上で冒険を始めた目的そのものに関連しているのだと徐々にわかってきました。神の使者にふさわしいか、神からの試練を受け続けていたと思います。

真に信仰的な人にとっては、神は実在そのもので、希望や意見にペタペタと貼るレッテルではありません。神はすぐそこにいて、奇跡ともいえる神との対話を通して神の言葉がこちら側に伝わるからです。そして、やっとの思いで神の意志は私たちの意志になるのです。さらに、神の考えが自分のものと同化して「信念」に到達するのです。そこまでたどり着くにはもがいたり、あがいたり、と努力がいるのです。神が要求することが少なくとも少し受けがたいと感じた時は、内なる声が神の声なのか、神の声が自分の声として語りかけているのか、単に空耳なのよくわからなくなるのです。しかし、それを乗り越えた時に神の声が自分の声になっていることに気づき、神の意志が自分のものになっていることにも気づかされるのです。ここで「インテグリティ」というトロフィーを授与されることになるのです。

このトロフィーは大それたものではなく、ひそかにやってくるものなのです。それを物語る出来事をお話ししましょう。

30年以上も前のこと、友人の妻が身ごもって、ある雨が降りしきる真夜中の3時に突然アーモンドチョコバーが食べたいと言い出しました。友人である夫は着替えて、24時間営業のコンビニやら、そんな時間でも営業していると思われる店を片っ端からあたりました。ダメで引き返そうと思ったときに、ホテルの自動販売機に気がつきました。この出来事を友人が話してくれたときに、私が感心したのは真夜中なのに全く文句を言うこともなく妻の頼みに応じたことでした。妻を愛していたのはもちろんのことで、おなかの大きい妻をいじらしく思い、妻を喜ばせようとしたからだったのでしょう。もし、ここで、不平と喜びの心に分かれていたら……。

でも、友人は結婚に「インテグリティ」を見いだし、自分と同化させて不平不満を退け、歓喜に至ったのでした。男性であれ、女性であれ、あなたが天使に出会い、「インテグリティ」を授与されたら神を愛することがどういうことなのか、どの程度まで行動を起こすことが、愛ある正しい行為なのか分るようになるものなのです。

『まぬけなギンペル』

作家のアイザック・バシェヴィス・シンガー（Isaac Bashevis Singer, 1902 - 1991）は、東欧のユダヤ人の生活やアメリカの移民者について書いた長編、短編小説で1978年にノーベル文学賞を受賞しました。作品の中でよく傑作集に入れられる『まぬけなギンペル』(Gimpel the Fool) という私のお気に入りの作品があります。

ギンペルは東欧のユダヤ人街に住む働き者のパン屋です。孤児でちょっと頭が弱く、人がお互いにいがみ合うことなどは考えない人間です。街の人たちはいつもいじめをします。例えば途方もない話をして、それをギンペルが信じないと街の人たちは怒ったそぶりをして、「うそをついているとでも言うのかい」と言います。また街の人たちがギンペルの店に飛び込んで「メシアが来て死者を蘇らせた。死んだ両親がお前の来るのを待っているぞ」と言い、ギンペルが急いで家に帰ってそれが嘘だと分るとみんなで大笑いします。

ギンペルは街のラビのところに相談に行くと次のように言われます。「1時間の間邪悪な人間でいるより、一日中馬鹿な人間でいたほうがいい。お前は馬鹿じゃない。馬鹿なのは連中だ。隣人に恥をかかせるような輩は来世で暮らす資格などない」ギンペルはその言葉に慰められますが、ラビの家を出る時でさえラビの娘にからかわれます。娘はギンペルの人の良さをあざ笑います。

街の長老たちはギンペルにある女と結婚するように説得します。その女は名うての性悪女でふしだらな女でもありました。数か月後、息子を出産しますが、ギンペルが父親だと信じ込ませます。長い結婚生活の間、妻の浮気は繰り返されます。あるとき、ギンペルはこうつぶやきます。「私の立場だったら誰でも離婚する。でも私はそれを無言で耐える人間だ。神は重荷も負わせるが、それを担ぐ肩も与えてくれている」。

数年後、妻は病気になり死が近づきます。死に際にすべてを告白します。「私の人生はギンペルを裏切ることがすべてでした。そして私の人生はこれで終わりです」。ギンペルは自分が受けた仕打ちの現実の重さに直面し仰天します。ラビの教えに従って、他人が不正直であっても、正直で人を信じ続けてきた。でもこれは間違いだと考え始めました。妻が死んでから、数日たった夜、ギンペルは夢を見ます。そして、夢の中で悪魔が囁きます。「世の中全体でお前を騙したんだ。今度はいいか、お前がその連中にひと泡吹かせてやる番だ。神などいるもんか。来世などない。お前はペテンにかけられたんだぞ」。ギンペルの店が街で唯一のパン屋で、粗末に扱った連中は全員ここのパンを食べることを思い出しギンペルは復讐を計画します。自分を馬鹿にした連中に毒を食べさせ病気にさせてやろうと泥と人糞を混ぜてパンの生地に混入させました。朝早く起きてこの特製のパンを焼こうとベッドに横になりました

その夜、死んだ妻がぼろぼろの服をまとい火にあぶられ黒くなった顔で夢の中に現れました。「私が嘘の塊だったからといって、世の中のものがすべてまやかしですか。私が騙したのは

他人ではなく自分自身です。そして、今その報いを受けているのです」ギンペルは目を覚まして復讐計画を立てたことに恥じ入りました。自分はそんな人間になりたくないと思い、毒入りパン生地を埋め、店をたたみ、街を出ます。それから一生放浪生活を送ります。年老いて死期が迫ったと感じたとき自分に言い聞かせます。「ここには別な世界があって、そこは現存している、嘲（あざけ）りや欺瞞のない世界だ。ありがたいことだ、このギンペルさえ馬鹿にされることはない」。

ギンペルはないないづくしの生活を送りました。財産、才能、友人もなく、まともな結婚生活さえ送ることができませんでした。しかし、世間知らずでしたが、それはそれで一貫性もありました。騙されやすいが素朴な「インテグリティ」がありました。そしてそれだけでも周りの人間よりは精神的な豊かさを有しています。他人は嘘をついても、ギンペルは嘘をつきません。他人は容赦なく傷つけますが、ギンペルは誰も傷つけません。ギンペルを諭したラビがやはり正しかったというべきでしょう。他人に対して虐待をする人は天国に住む資格はありません。

シンガーの話はもともとイディッシュ語で書かれました。その英語版のタイトル『まぬけなギンペル』は「聖なる馬鹿」という民話の伝統に則してつけられたものです。聖なる馬鹿とは素朴な信仰心を持つ人物のことで、神が存在するだけで感じる喜びは学識ある神学者の祈りや説教よりも真に宗教性が高く、その根源は、精神を病んでいる人を病気とみなさない社会にあります。病んでいる人が見る真実は、思想家が説く真実とは違っていますが。その最も代表的な例がシェイクスピアのリア王で、馬鹿が一番真実を見抜いているというわけです。

原典のイディッシュ語版の物語のタイトル『ギンペル・ターム』はより明快です。ターム（tam）はヘブライ語で「飾り気のない、素朴な、単純な」が原意です。ユダヤ人読者の中にはそれが過越のハガダー（訳注・ユダヤ教の祭りの解説書）の四人の息子のひとりを描写する言葉だと気づく人もいるでしょう。タームはヘブライ語聖書の重要語であるターミーム（tāmîm）と深い関わりがあります。この言葉は「全体、完全」の意味で「インテグリティ」の含みもあります。ギンペルはバカ正直で、うぶでお人よしです。単純でわかりやすい人物です。また疑い深いところがあると思ったら信じやすいところがありで、使い分けのできる器用な人間ではありません。「インテグリティ」以外には何も取り柄がありません。ほとんどの人はギンペルを理想の人物とは考えないでしょうが、著者のシンガーはその物語の結末で「インテグリティ」こそ、あらゆる性格に勝るものだと訴えます。

タームという言葉はヘブライ語の聖書に9回出てきます。また、その言葉は詩篇に1回、箴言に1回、ヨブ記に6回出てきます。ヨブ記はその言葉を使って善良で高潔で欠点のない人間として描かれています。ヨブ記の1―8章のそれぞれの章では、それは「欠点のない」と訳されていますが、それはシンガーの描いた人物ギンペルの「無垢」「素朴なインテグリティ」とぴたりと符号するのではないでしょうか。そして、それは最も神聖なモーセ五書として有名な聖典（トーラー）にも表れます。エサウとヤコブのどちらがタムに匹敵するでしょうか。

ヤコブは純朴な人間だったのでしょうか。若いヤコブは素朴で裏表のない人だったのでしょうか。そして「インテグリティ」が持ち味だったのでしょうか。いいえ、ヤコブはおそらく聖書に登場するヒーローの中でもっとも複雑な人間でした――そのような性格だったからこそ、面白い人物像なのでしょうが……。聖書はおそらくヤコブの性格を描写するのにそのような言葉を使ったのでしょう。さらに聖書はヤコブを子どものように純真だと描写していて、その時の人間像ではなく、将来の姿を予見しています。

ヤコブの人生で大冒険は最初の夢に現れた梯子（はしご）を登るときの葛藤でした。その梯子は天から地上にかけられ、聖書が若いヤコブの素質として見出した信念に生きる可能性とその実現の橋渡しをするものでした。数年後、ヤコブはヘビが脱皮するようにそれまでの自分を捨てて、成長できました。ヤコブは自分の天使的性格と格闘しました。最初は自己改革を求める声に抵抗しますが、やがてその声に応じるようになりましたが、それはエレミヤが預言者になるようにというお告げに抵抗しながらも、結局そのお告げに従い、それに伴う痛みや批判を甘んじて受けて世の中を変えるために邁進したのと同じです。

私たちと同じようにヤコブは世間知らずで他人をむやみに信じる子どもとして人生をスタートします。ただ、取り巻く環境のせいで嘘つきで利己的で策を弄する人間になってしまいます。しかし、ある夜、自分の分身である天使に出会います。その天使と格闘して傷つき疲労困憊（こんぱい）しますが、それから人生の次のステップになんとかたどりつきます。そして、聖書はヤコブのことをシャレム（性格が完成され、自己統一された内的葛藤の終焉）と描写しています。そして、インテグリティの人になりました。

第6章　家族と友人――愛することで人生が決まる

ヤコブの人生

聖書はヤコブの人生を三幕に分けています。私たちの人生も同じです。第一幕は幼年期で主として両親と親子の関係を中心に展開されています。第二幕は青年期で主として夫婦関係を中心に展開されています。第三幕は大人になったヤコブで主として子どもと親の関係を中心に展開されています。

もし、ヤコブの人生――私たちの人生も同じですが――が舞台で演じられるのなら、おそらく休憩時間もあるかと思いますが、緞帳(どんちょう)を上げ下げして時代の区切りをつけることでしょう。しかし、聖書の語りは切れ目なく続くので、緞帳ではなく二つの文学的手法を使っています。ちなみに、聖書が章で区切られるのはずっと後になってからのことです。ヤコブの幼年期は梯子(はしご)の夢で転換時代を表すことで区切られています。そして、不遇の時代は天使と遭遇して信念の人として生まれ変わる時代と区分されています。

ヤコブの夢はその当時苦しんでいた二つの問題解決の大きな力になります。その二つは青年の誰もが絶え間なく自問する問題です。それは自分の人生はどうなるのだろうか、私は将来どんな人間になるのだろうか、という問いです。ヤコブが神の庇護を受ければ、嫌がられる癖を直し、善良な人間になれると言って神はヤコブを安心させました。さらに成功を収め、ひとかどの人物になれると保証しました。

それこそが悩んでいたヤコブが聞きたかったお告げです。私を含めて、親、先生、友人などからも次のような同類の預言を与えられて自己懐疑を払拭（ふっしょく）することができた青年をたくさん知っています。それは、お前は少しは悪いことをしたが、本当は善良な人間だ、そして、将来は立派な人間になるぞという声かけなのです。

その夢で将来を約束されて啓発されたヤコブが最初にしたのは、恋をして結婚することでした。伯父のラバンの村に到着して井戸で羊の監督をしていたうら若き女性に出会いますが、その女性はいとこのラケルでした。そして衝動的に彼女にキスをして直ぐに彼女に結婚を申し込みます。

ヤコブの両親もその同じ井戸が縁で結婚しましたが、全く事情は違いました。イサクは結婚式まで花嫁に会ったことがなく、アブラハムの召使がその井戸でリベカを見かけ、イサクに代わってリベカの家族と話をつけたのです。

前述したように、ヤコブは聖書に登場する人物の中で最初のしかも事実上ただ一人、恋をして結婚を決めた人物です。それは結婚相手を見つけてくれる両親が近くにいない若者の望みが自然と開花したと見ることができます。また成人になると結婚するように若者に期待する文化だったということができます。もちろんそのような文化ではデートや婚前交渉などはありません。しかし、同時にヤコブの行為を自分の夢の答えだと思う見方も間違ってはいません。もしも、ヤコブがそのときより高い位置に上がることができるのなら、まずできるのはひとりの世界に閉じこもらないで他人を自分の人生に引き入れることです。神学者のウィリアム・J・エヴァレット（William J. Everett, 1961 - ）は罪とは公私ともに自分と相手の尊厳を感じる人間関係を拒否することだと定義しています。彼は「罪人は自己の牢屋に閉じこもった魂だ」とも言っています。ドストエフスキー（Fyodor Mihaylovich Dostoevskiy, 1821 - 1881）は「地獄とは愛が存在しない苦しみだ」と言っています。ヤコブのラケルに対する愛、犠牲的精神、愛の証として7年間無報酬で仕事をしたこと（見返りがなければ実兄に一杯のシチューさえ与えなかった若者が）そしてラケルが愛に応えてくれたことはヤコブの成長と人に好かれる心正しい人間になる前兆でした。その変化を可能にしたのはヤコブの人生にラケルが現れたからです。愛が支えとなって自己改革ができたのです。

「オンリーワン」の人になる

ヤコブが自分の人生に他人を受け入れたことで、ロック歌手が歌った曲“Why Do Fools Fall in Love”（恋はくせもの）の中に答えがあるようです。他人のことを思うことで痛みや喪失感をどうして味わわなくてはならないのか。他人（夫、妻、親、子ども等）を愛するのは「幸福の虜」になることです、愛するために鎧を脱いで身軽になると、傷ついたり、いろいろなことが起こるのです。

なぜ運命の人質（愛する人が見つからないで人生を絶望視するのも含まれる）に臨んで身を投じようとするのでしょうか。もしそれが単に種を絶やさないため、性欲を満足させるためだけならば、求婚、嫉妬、裏切りなどで生じる落胆、苦しみを味わわないですみます。しかし、それは人間の交わりにはつきものです。オルダス・レナード・ハックスリー（Aldous Leonard Huxley, 1894 - 1963）の小説“Brave New World”『素晴らしき新世界』では全員が夢も希望も持たないがゆえに幸福だという恐ろしい世界を描いていますが、そこでは政府セックスと生殖を分離しました。子どもは実験室で生まれます。そしてセックスは純粋たるレクリエーションで、何の問題も起こらず、感情はまったく重要視されません。ある時、人々はシェイクスピア（William Shakespeare, 1564 - 1616）の『オセロ』戯曲を見つけますが、まったく理解できないのです。妻が浮気をしたからといってどうしてその男が動揺する必要があるのか、惨めな気分になるのかもわかりません。

なぜ運命の人質に身をゆだねるのでしょう。親子関係は別の人間関係よりも感情をむき出しにしたり、お互いに傷つけあう率が高いのに、なぜ親や子どもたちは精神的に結びついているのでしょうか。またなぜ野生の動物のように歩けるようになったらすぐに世の中に送り出し、その後はもう会わなくていいということができないのでしょう。なぜ愛への渇望、愛の苦しみがこんなにたくさんのメロドラマ、映画のテーマになり、多くの人が自殺を図ったりするのでしょうか。それは子孫繁栄の生殖よりももっと大事だからです。愛とは単に性欲を満たすだけではないからです。結婚や親子関係でみる愛は、人生に非常に重要な意味がもちろんあります。それはなくてはならない存在、「オンリーワン」の存在になりたいという願望そのものです。

健康や幸福についての書物を著した人たちは、人間は基本的に密接な関係を求め、一日中見知らぬ他人といると精神的に枯渇してしまうと説いています。人生の中で気持ちを分かってくれて、気遣ってくれる人が必要なのです。ディーン・オーニッシュ（Dean Michael Ornish, 1953 - ）博士は、「残りの人生は愛の力による癒しにかかっている」と書いています。愛される必要があるのです。幼いころに母親がやってくれたように恐怖と不安を取り除いてもらいたいのです。しかし「オンリーワン」になるには同時に愛を与えなくてはなりません。

若いころはヤコブの第一の不安――自分は欠陥人間で人には愛されないという不安――を緩和させるためにやみくもに人間関係を求めます。また若いころはヤコブのように人を傷つける行いをしたことを恥じるものです。親や兄弟とうまくいかないときは別の人から好かれたいのです。愛とは自分の魂に潤いを与えてくれる人を探すだけではなくて相手の魂にも潤いを与えることだと理解するようになります。オーニッシュ博士は「私が特別な人間だから愛されるのではなく、今は自分が愛され、しかも自分も愛することができるので特別な人間だと考えています」と書いています。

1970年代に私どものシナゴーグ（ユダヤ教会）で信者の結婚崩壊の危機が多く続出し、困ったことがありました。月に1、2度は、別居して離婚寸前の夫婦がいるのを耳にしました。それはバル・ミツヴァー（Bar Mitzvah 訳注・ユダヤ教の成人式に当たる儀式）を祝う13歳の子どもの半数近くの親が別の家庭から式に参列するという様相を呈していました。離婚や結婚崩壊の力学のようなものは理解できる気がします。夫婦の一方か両方が必要とする愛を得ることができないときに結婚は崩壊することがあり、そして夫婦の一方が愛を与えることに失敗したとき、相手の人生にとって「オンリーワン」でなくなったときに結婚は崩壊することを知りました。

何度も私のところに来て結婚生活について不満をぶちまける女性が近所に住んでいました。家事を一人でやり、夫が子どもに無関心、夫への気持ちが離れてしまった等がその女性の不満でした。つとめて相手の身になって話を聴こうとしましたが、一方的に不満を並べ立てるのに終始するのが常でした。ではなぜ離婚しないのかと尋ねることもありました。答えは、夫を見捨てるわけにはいかない、自分がいなければ夫はやっていけないし、その人生は空虚なものになるというのです。

ある日、泣きながらその女性がやってきて、夫に捨てられたと訴えました。夫は「もっと夫や父親としての役割を果たしたかったのに、そうさせてもらえなかった」という言葉を残して出て行ったというのです。その役割がその夫には向いていなかったのかもしれません。やり方がわからなかったのかもしれません。その夫の父親がそのお手本を示さなかったのかもしれません。いや努力しようとしても、妻から受けつけられず、どんな心理的理由があったにせよ、その役割を自分の領域だと決めつけて夫に入り込む余地を与えなかったのです。

心の触れ合いを求めて結婚します。自分のことを気にかけてくれる相手を探してです。もちろん性的な意味も含めて。二人の絆を作り、子孫を絶やさないため、家庭や社会の義務をはたすため子どもをもうけます。子どもがいることで結婚相手の人生を充実させることにもなります。生活のためにお金を稼ぎます。またどんなに微力でもいいから少しは世の中に貢献したいと思って働いている人がいます。

世間に認められたい。注目を浴びたい（もっとも一般的に若者は注目されなくても問題ないのですが)、さらに次第に重要人物になりたいと考えていた時代の自己中心主義から脱却していきます。英国出身の作家でジョゼフ・アディソン(Joseph Addison, 1672 - 1719)の言葉に賛同される人が多くいらっしゃる(ほとんど全員が)でしょう。「世の中に何かどんなことでも貢献できるなら、死期が近づいても自分の人生は無駄ではなかったという満足感でこの世を去ることができます」。

あなたの代わりはいない

心にかけてくれる人がいなければ生きてはいけません、私たちは。結婚はこの条件を満たす唯一の方法とはいえなくても最良の方法です。結婚という形式にとらわれない方法もあり、たとえば結婚式を挙げていない二人が同棲し、相性が合わなかったら別れることが可能なコミューンなどがその例ですが、しかしこのような方式が浸透しないのは、何千年の歴史を持つ結婚制度のように精神的な豊かさを与えてくれなかったし、「世界の誰よりもあなたが大切だ」ではなく「お前の代わりはいくらでもいる」という気持ちの表れです。不貞は結婚を破滅に追い込む最も強い破壊力を秘めています。犯罪行為は別かもしれませんが、他の問題などは不貞に比べれば小さなことです。不貞とは「私の人生で一番大切な時間を別な人と過ごしたい」という気持ちの表れです。

面白いことに浮気が発覚したら男性は心の結びつきはない「彼女とは何でもない。一時のスケベ心だよ」と言って浮気を正当化します。これが男性の常套句、セリフです。一方、女性の浮気の場合、「彼のことが好きで、心の空白を埋めてくれる」と浮気を正当化します。

ヘブライ語聖書の預言者は神とイスラエル民族の関係を一種の結婚と見なしました。ところが預言者アモスは神と民との契約をビジネスの契約と似ていると捉え、契約違反は契約不履行であり、刑罰に値すると考えました。

また預言者ホセアはもっと情熱的に考えて、それを結婚の契約と見なしました。ですから契約違反は不履行どころではなく裏切りになります。預言者アモスは神が服従を求めていると考えて、イスラエル人に対して次のように言いました。「私の言う通りにしないで、どうしてお前たちの神になれるのだ」。それに対して預言者ホセアは、神はイスラエルの民と相思相愛の仲を求めていると考えました。ホセアにとって神の願いは「もしお前たちの神との関係が人生で最も重要なものでなければ、真の関係を築くことができないではないか」という訴えであった。

友情を培う能力は人間的な才能です。この世で私たちがなくてはならないという気持ちは、二人以上の人が認める必要があります。すべての精神を満たす術を一人の人に求め、その人に必要以上に負担をかけ、その限界を超えるのは間違いです。配偶者は数々の欲求を十分に満たしてくれます。しかし全ての欲求を満たすことは無理です。精神的欲求を子どもの求めることは許されますが、その結果子どもたちの成長が妨げられるなら、子どもたちとの関係はダメになってしまいます。家族以外の人々にとって大切な人間だとわかれば、世間での重要度も高まります。そこで友人が必要です。

環境生存率の低い動物はお互いの関係を作ることができないようです。例えば、魚や爬虫類は孵化させたばかりの稚魚や生まれたばかりの子どもとの区別がつきません。種類によっては自分の子どもを食べてしまう魚もあります。魚や蛇(へび)が他の魚や蛇と仲良くなるのは漫画やアニメの世界だけです。進化した動物はもっと高度な精神生活を送ります。一生同じ相手と交尾を繰り返し、仲間が死ねば悲しむ動物もいます。動物の子どもは人間の子どもと同じで、一緒に遊んだりはしゃいだりします。犬は飼い主と特別な関係を育みます。人間の場合、友情にはお互いの考えや、希望を共に育てていく特性があり、動物の結びつきはそのような精神的結びつきはありません。

友情とは何でしょうか。ボストン・グローブ紙にコラムを書いているエレン・グッドマンと二十年来の親友であるパトリシア・オブライエンは二人にとって友情がいかに大切かということを共著で“*I Know Just What You Mean*”『言いたいことはよくわかる』という本にしました。この本で「友情とは生物学上でも何ら目的はみつからず、経済学的にも関係性がなく、進化論でも説明がつかない」と述べています。新しい友だちを持てば自己再発見に繋がり、新たな目で、視点で自己を見つめることができます。欠点は長所に転換し、自分を受け入れることで自己不信は解消します。友だちのほうが家族よりも変化を生み出す可能性が高いのです。

友情を培う能力は子どもの時から形成されるようです。子どもは新しい子どもたちと交わっていく以前に、遊び友だちを作ります。近くで親しい友だちが一緒に遊んでくれるだけで、子どもはある程度満足なのです。このころ小さい子ども――特に女の子――は一生つきあえる無二の親友をもつようです。心理学者で作家のキャロル・ギリガン（Carol Gilligan, 1937 -）は次のような指摘をしています。

「小さな女の子は親友とべったりとつき合う傾向があり、まるで結婚のための稽古をしているようです。それに対して小さな男の子は友だちと競技で競い合いをするけれど、それはまるでビジネスの世界に備えた稽古をしているようです」と。

この地域のある男性は、千載一遇の就職口を断りました。というのはその仕事を引き受けるとなると十代のふたりの娘が高校を退学せねばならなくなり、友だちとも離れ離れになり、町にはユダヤ人家族がほとんど住んでいない小さな南部に引っ越すことになるからです。娘たちは転職の話を聞くとわっと泣き出して、父親について行くよりも友だちがいるここで暮らすと言い張りました。娘が高校を卒業するまで単身で赴任しようとも思いましたが、それは実行不可能で、その話を断りました。

その男性に、「家庭のことで娘さんの意見をそんなに尊重して大丈夫ですか。仕事よりもですよ」と質問しました。すると「何でもありませんよ。家族全員があと5歳若ければ、たぶんその話を受けましたね。娘たちが泣こうがわめこうが連れていきました。でも後で後悔したでしょう。きっと。反対にあって、大切なものが何かわかりましたね。よかったです」。

友情

「友情」はこの冷たくさめた時代に生きていくためのキーワードで、人間関係で特別な人と認められ、ありのままの自分を受け入れてくれる自信が持てる方法の一つです。結婚や親子関係でないにしても、真の友情は好ましい姿を見せてくれる鏡です。「友情」は自主的で、家族、職業的関係と違って、簡単に結びついたり離れたりすることができます。友だちを傷つけ失望させたとしても、本当に相手を気に入っているのなら友だちでいられます。友だちが過ちをおかしても、間違いは事実として、友だちは友だちでいられます。友情は相手の人生で、「オンリーワン」になる源です。同時に敬愛し慈しむ人が、幸福になり、人生が安定し、生きる上で適切な判断ができる可能性を高める役目を友情は果たしてくれます。前出のパトリシア・オブライエンは親友のエレン・グッドマンについて「エレンとなら家族、政治、生きること、死ぬこと、あらゆることを語りつくせます。当意即妙の才に富み、軽妙洒脱で、エレンの博識には舌を巻く、刎頸（首を切られても悔いないほどの、生死を共にする親しい交際。）の友ならぬ刎頸のビジネスパートナーです。それ以上かもしれません。エレンも同じ思いでしょう。これはすごいことです」。（傍点部は著者）

友情がなければ生きてはいけないでしょう、いくら年齢を重ねたとしても。家族も精神的栄養をくれますが、同じ栄養源が友情です。家族からもらえない場合、夫や妻からの栄養不足の場合、友人が補ってくれることもあるでしょう。家族よりも友人のほうが自信を与えてくれる場合もあります。他人との交わりの中で成長します。社会的な動物ですから、私たちは。ぬくぬくとした家庭の中だけで神と対話するのではなく、教会やシナゴーグへ行くのはそのためです。テレビばかりで試合を観るのではなく、スタジアムに出かけるのと同じです。

大学で私は人類学のコースを取り、そのとき教えてもらったことで覚えていることがひとつあります。野生のチンパンジーの研究に一生をささげた人が著作の中で、「チンパンジー一匹だけではチンパンジーとはいえない。チンパンジーがチンパンジーになるためには他のチンパンジーが必要なのです」と述べています。チンパンジーの世界は詳しくないのでよくわかりませんが、これは人間の場合にまさに当てはまります。人間であるため、また存在するため、求める人間像に近づくには、他人を必要としています。同じように他人からも必要とされています。

ヤコブは育った環境のせいで他人を信用することができなくなり、愛するという行為がよく分かりませんでした。本当のヤコブではありませんでした。神の使者イスラエルにはなれませんでした。他人を自分の人生に受け入れて実現することができました。

最上の贈り物

サンフランシスコのトーマス・ルイス（Thomas Lewis）、ファリ・アミニ（Fari Amini）、リチャード・ラノン（Richard Lannon）という3人の精神科医が、著した“A General Theory of Love”『愛の一般理論』という本の中で、人間が恋愛や友情を通して他人と結びつく必要性とその能力について掘り下げて解説しています。その能力は理性を司る中枢部でなく大脳辺縁（へんえん）部にあると主張し、その医学的事実に照らし合わせると愛を強制することができないこと、お互い魅力を感じなければ、つき合おうとは思わないことの説明がつきます。誰もがなんとなく誰かに引かれることがあるでしょう。食べ物や空気が必要なように友情や愛情が必要なのです。その人に見合った相手を見つけます。小学校に限らず、大学でも、どうも雰囲気か何かが違う友だちを連れてくることがありますが、その友人のどこが気に入っているのか説明不可能でも、その結びつきは精神的に本人同士にとっては違和感がないのです。

アメリカ人の生活について言えば、ひとつ残念なことは、男性が男友だちを持つのは非常に難があることです。

男性は、他の男は全員ライバルか顧客、あるいは両方の可能性があり、それゆえ弱点を他人に見せてはならないと盛んに教え込まれてきたからに違いありません（推測するに、男性が道を尋ねるのを躊躇し、助けを求めるよりは自ら解決するほうを選ぶのはこのためだと思われます）。一般的には一緒に釣りに行き、フットボール観戦に行く仲間はいるでしょう。しかし他の男性に胸襟（きょうきん）（思っていることをすっかり打ち明ける。）を開くことはめったにありません。レストランで、ランチ時に熱心に話し合う二人の男性を見かけたとします。そこで話す話は、それはほとんどが商売の話といっても当たらずと言っても遠からず、でしょう。浮気も、見方を変えると、男性がセックスを求めているのではなく、他の男性では見いだせない親密さ、つまり友情を求めているのかもしれません。Men's Forum of the Young

Presidents Organization（若き経営者の会）の会合に出席した際、男性たちは感情を吐露する機会を与えられ意気揚々としていました。

先日、ある友人に電話をしました。共通の友人の住所を訊きたかったからです。普通なら1分ですむ話です、しかし声を聞いて、張り詰めた感があったので「何だか、いつもと違うね、大丈夫か」と尋ねました。すると仕事上の問題が原因で結婚生活が抜きさしならない状況に追い込まれていることなど10分間、打ち明けました。その時はただ話を聴くことしかできませんでした、残念ですが。聴くだけでもよかったと思います。

男性がうわべを取りつくろう「別に、いや大丈夫だよ、ちょっとね」という言葉を避けられただけでもよかったと思いました。

もらうまで欲しいと思わなかったものが最上の贈り物だということがよくあるし、自分が欲しいとそれとなくわからせたものが、最高の贈り物ではなかったこともよくあります。似ていますが、自分が必要とする前に自分の必要なものを知っている友だち（親友）の存在こそ最上の贈り物でしょう。実際に贈り物の授受は、大切な人を喜ばせることにもなり、相手が自分のことをどれほど大切に思っていてくれるかを知ることになります。ラルフ・ウォルドー・エマソン（Ralph Waldo Emerson, 1803 - 1882）は次のように言います。

「手を差し延べて、やさしく微笑むことばかりが友情がもたらす素晴らしさではない。あなたのことを心から信頼し、受け入れてくれるのが友情。そのすばらしさは魂の輝きの中で発見することができる」。

友人とは苦しんでいるときでも見捨てず、一緒にいると自然体でいられる人だと、あらゆるところで定義されています。何よりも相手の人柄に惚れてつき合い、損得を度外視にしてつき合う人です。病めるときも、落ち込んでいるときも、共に心配してくれ、めでたいときは一緒に祝い喜んでくれる人です。真の友情にはある種の神聖さが感じられます。一人でいたくないとき、神がそばにいると感じるように、友情も同じ役割を果たしてくれます。

私にも、友だちだと思っていた何人かに見捨てられた暗い時期がありました。でもその苦しみを共有してくれた友もいました。悲しみを自分と重ねたのかもしれません。駆け寄って苦しみ、悲しみを分割してくれました。

言葉はいりませんでした。黙ってそばにいてくれました。（「大丈夫だよ、そう悲観するなよ、もっと大変な人もいるんだから」等と言ってもらうより余程マシです）。これ以上うれしい慰めはありません。

告別式の前に、ラビとして家族と会う機会が多くあります。そのとき、「先生、信心深い人間ではありませんが、1週間喪に服し、大勢の人に葬式に来てもらわなければならないのでしょうか」というような質問をされます。

私の答えは、「そうです。そうしてください。しかしそれは神のためではありません。あなた自身のためなのです。そうしなければ孤独で見捨てられたように感じますよ。一人じゃないことを知るべきです。あなたの友人のためにも実行すべきです。あなたの痛みを共有し、感じ、自分の痛みとして一緒に悲しんでくれます」というものです。

友人に失望させられて、腹を立てることがあっても、受け入れる必要があります。共有とはそうすることです。完璧を求めないことです。友人に完璧を求められても無用な孤独に陥ることがあるかもしれませんから。

ユダヤ人で偉大な哲学者・神学者のマルティン・ブーバー（Martin Buber, 1878 - 1965）は「神はどこにいるのか」と訊かれて、さすがにありきたりの返答はしませんでした。「神はどこにでもいたるところにいます。教会にも会堂にも存在します。人間関係の中にも見出せます」というものでした。神は人間自身の中には存在しません。人と人との関係の中に現れます。二人がお互いに波長が合えば、神がおりてきてその二人の間の空間を埋めてくれます。その結果、繋がりができ、離れることはありません。愛も真の友情も誰かにとって大切な存在だと分からせてくれる方法です。また世の中にとっても重要な方法です。それでなくても気がつけば利己主義と孤独に苛まれる世の中なのに、神を招き入れずしては愛も友情もないかもしれません。

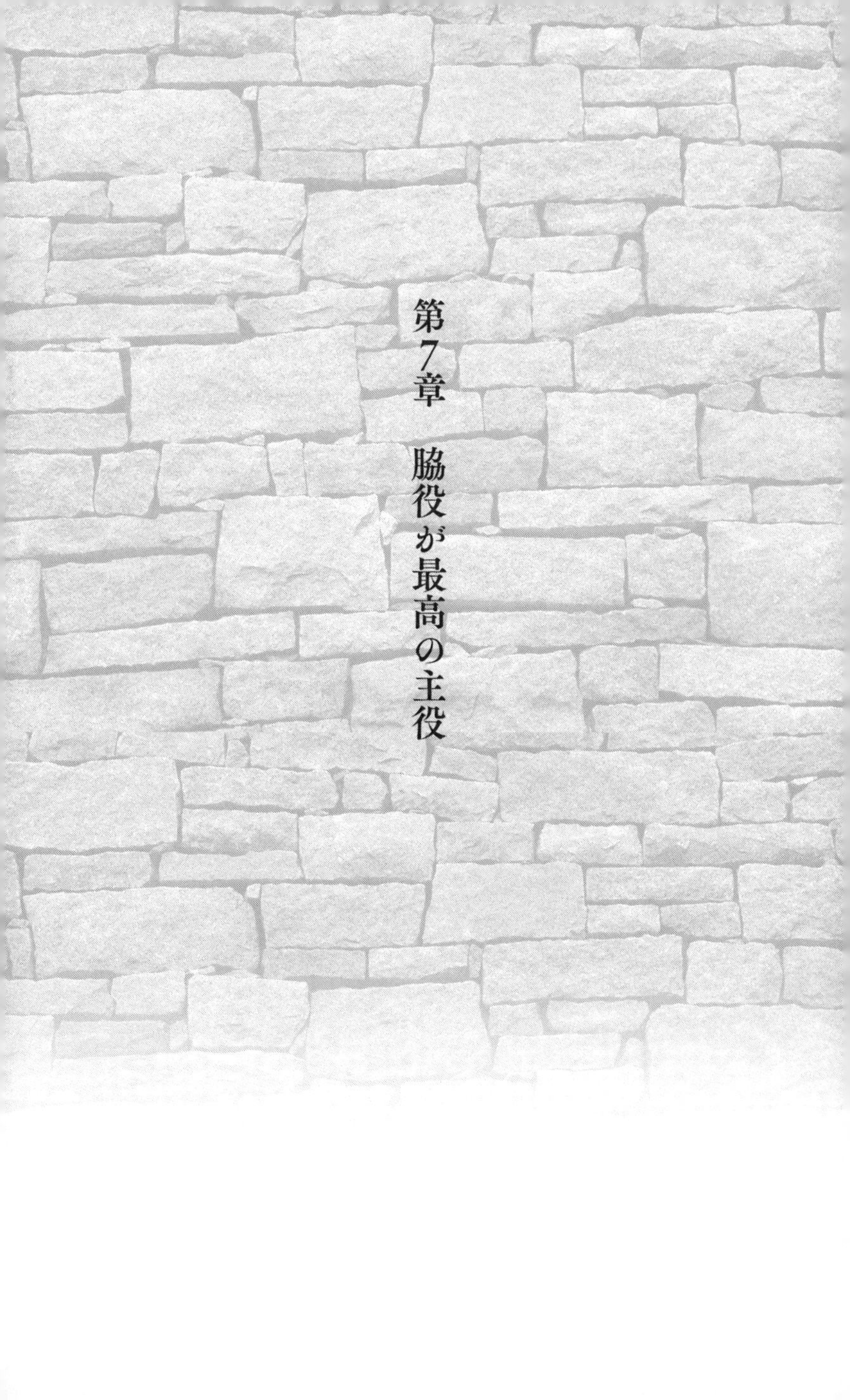

第7章　脇役が最高の主役

人生はドラマ

「自分が人生のヒーローになれるのか、あるいはその座を他の人に譲るのか、それはこの物語で見せることになろう」（チャールズ・ディケンズ『ディヴィド・カパーフィールド』冒頭）

毎年、決まって2月の終わりから3月頃になると、何百万というアメリカ人たちがいや世界中が熱狂し、テレビ画面にくぎづけになるアカデミー賞の受賞式があります。待望のオスカーは誰の手に渡るのか。監督賞は、主演男優賞は、女優賞は、脚本賞は、作品賞は、等々。中でも助演男優賞と助演女優賞は注目に値します。

私はいつも主演ではなく助演のほうに目がいってしまいます。映画の監督がどのようなものかよく分かりませんし、映画音楽を作曲するのも、映画の衣装デザインを担当するのがどういうものかも分かりません。しかし、助演の感覚はつかめそうです。主役のようなスポットライトは当たりませんが、脇役で出る感じは分かりそうです。一応、場をもたせているわけですから。

友人がガンに侵され、化学療法を受けているのですが、私たちは夫婦で訪れては、料理を作ったり、病院へ送り迎えをしたりしています。その友人は女性なのですが、その人生は物語そのものので波瀾万丈なのです。

私たち夫婦は裏方で、ただ全快を祈って、できることをしたいだけです。私たちユダヤ教の会堂やユダヤ教の集会ではホームレスや、顧みられない人々と一緒に歩んできています。交通事故などの犠牲者が臓器提供者となり、四人の人が新しい命を与えられました。ディケンズ（Charles John Huffam Dickens, 1812 - 1870）の『ディヴィド・カパーフィールド』（石塚裕子訳、岩波文庫、2002年。中野好夫訳、新潮文庫、1967年）のように、誰もが人生での銀幕のスターになりたがっていますが、ほとんどが夢で終わります。しかし、まれにうまくいき、脇役になれたりもします。

『素晴らしきかな、人生』（It's a Wonderful Life, 1946）はクリスマス映画の定番になってしまっていて、「また、これか」と思われることは惜しいことです。ディケンズのクリスマス・キャロルやスノーマンのアニメも何回も上映され売れ残りのクリスマスケーキよろしく、食傷気味で誰も食べようとはしません。たとえば、映画自体どこにでもある筋書きで、現実離れした信じられないヒーローと救いようのない悪漢たちが登場している映画でも映画の精神は今でも通用するし、教訓は時代を超えて伝わるものだと思うので軽視されるのは残念なことです。

『素晴らしきかな、人生』は、俳優のジェームズ・ステュアートが演じる田舎町の銀行家で住宅建築業者のジョージ・ベイリーという主人公が登場する物語です。曲がったことが嫌いで、優しく、みんなに好かれている主人公が町の人の思い違いや欲深さで銀行がつぶれそうになり、不安にさいなまれて、破産においこまれて自殺未遂までおかしてしまいます。銀行の損失は証券でなんとか穴埋めできそうなのに、このまま自分は生きていてもしょうがないと考えて自殺しようとします。ちなみに、映画の中ではその証券がなぜ自殺の肩代わりになるのかまでは描かれていないのですが。そして、守護天使がジョージを助けるために天から送り込まれるのです。そこで、ジョージは天使に文句を言うのです。「自分はこの世にいなければよかった、なぜ生まれたのか」と。そこで、天使はジョージが存在しなかったら、どうなっていたかを目の当たりに見せます。

ジョージがいなかったとしたら、ジョージが商売を助けた薬屋の主人は刑務所に入れられ疲れ果てたホームレスになってしまっています。雪上でそりの事故を兄に助けられて、その後、戦争で英雄になって帰国凱旋した弟は、ジョージがいなかったら8歳で亡くなっており、ジョージが助けた兵隊たちも同じく若くしてこの世にはいません。ジョージが結婚した女性はジョージがいなかったら、野暮ったい独身をとおして生きている女性になっています。ジョージが融資をしてあげた人たちも、ジョージがいなかったら、みすぼらしい家に住み、彼が住んでいた町も快適さもありません。もちろんのこと、後にも先にも子どもたちも存在しないわけです。

この映画がそれとなく言いたいことは、「偉大で立派なことを成し遂げたい」という思いを持ち続けているジョージが、実際は重要なことを成し遂げて町の人たちの生活の改善に全力を尽くしたのに、自分で人生の落伍者だと勝手に思い込んでしまったことです。

さらにそのジョージに「ひとりの命に多くの生命がかかっている。その者が欠けると世界に穴が開き、世界が終わってしまう」と、守護天使は言います。この守護天使は翼がなかったのですが、ジョージを助けたおかげで、神から翼を与えられました。

誰かの脇役になる

レイチェル・ナオミ・レーメン（Rachel Naomi Remen, 1938 -）博士は著書『祖父からの祝福』（My Grandfather's Blessings）の中で、映画のジョージ・ベイリー役を地で行く話を披露してくれています。博士はガン患者に対して身体のケアはもちろんのこと、精神的、心のケアまで施しています。結腸ガンを患った患者がいて、偶然にも名前が同じジョージといい、余命2、3か月と宣告されていました。その患者は博士の診察室で、人生を無駄にしたこと、やり直せるならやり直したいと涙を流しながら話したそうです。科学者のその患者は発明家でもあり、医療器具の発明で財を成して2度の結婚、子どもたちにも恵まれました。しかし、その陰でどれだけ家族を犠牲にしてきたか、今は一人になり、看取るものもいないことを訴えました。

「本当に、馬鹿でした。役に立っているかどうかも分からないものを作って金儲けしようと夢中になり、大事にしなければならない人たちを無視してしまった」。

そう言って、悲嘆の涙を流し続けるのでした。

発明品の中で一番ヒットした商品は、驚くことにその器具を使えば支障をきたしていた患者が普通の生活に戻れる手助けをするという優れものなのです。偶然にも、その器具を使って、仕事が以前のようにできるようになり、結婚をして子どもにも恵まれたという若い女性の患者が来たので、その器具を発明した人物のことを博士が患者に告げると、女性患者はびっくりして、「その方にお会いできるものなら是非お会いしたい」と申し出たそうです。そして、30分で終わるその紹介が、豪華な宴会へと姿を変え、そこに出席したその患者の親戚のひとりが看病の大変さと思い出、そして、ジョージが発明したその器具との出会いが、いかに自分の人生を変貌させたかと披露したそうです。数日前に博士の診察室で、情けないと号泣していたジョージもこの日ばかりは招かれた席で別の理由で号泣したということです。

必要とされている人間

人生は平凡で無味乾燥で面白みがないと感じ、映画のジョージ・ベイリーのように、やりがいがあることをしているはずなのに、充実感がなく、絶望している人は、自分を必要としてくれる人を見つけて、ぜひ手を差し伸べましょう。故アン・ランダース女史（「アン・ランダースの人生相談」で有名なアメリカの著名コラムニスト）は十代の若者たちの「キレる」、「塞ぎ込む」という現象に対して、ぜひどんなかたちでもよいから若者たちを地域のボランティア活動に関わらせて欲しいと提案します。ボランティアを経験した若者の50パーセントは非行に走らず、ドラッグにも手を出さず、不用意な妊娠もしない、高校の成績も伸びて中途退学率も低いとも述べています。今現在、自虐的で非社会的に行動している若者たちが、理想主義を掲げ、社会貢献に向けて行動を開始するとは到底思えないでしょう。でも、何かをやらせてみましょう。誰かの人生に関わらせてみましょう。十代の女の子たちが性的に荒れるのも関わり方を取り間違えていて性的に関わる仕方しか知らないからです。そうすれば、内側から新しい自分に目覚めるはずです。

トム・ブロコー（Tom Brokaw, 1940 -）の『最も素晴らしい世代』（The Greatest Generation, 1998）——

第二次世界大戦で戦った兵士たちや従軍看護婦たちの回想が実話物語――という本を読んで、当時の匂いや香りが記憶の底から立ち込めて来ました。祖国や故郷から引き離され、遠い欧州は太平洋地域にまで出征させられたわけです。泥と寒さが肌に沁みこみ、負傷し、友の死に顔を寄せながら埋めて、泣かなかった人はいなかったでしょう。しかし、この本の話に泣き言や愚痴、自己弁護のたぐいは一切出てきません。一貫して世界をよい方向へ変えるための一種の誇りとも言えるものが流れています。登場人物は、陸海軍司令官や叙勲された軍人はほんのわずかで、ほとんどが、一兵卒の兵士や海兵隊員、パイロット、従軍看護婦、一般市民の男女です。本分を尽くし、民主主義を守るために戦った人たちです。

死ぬ間際まで、自分は必要とされている、大切な存在なのだという感覚を持てるかどうか。残念に思うことはこの社会でご高齢の方々が人間として扱われることなく、無能だと粗大ゴミのような扱いを受けてしまうことです。十代の少年少女も同じような感覚でいるかもしれないですが、高齢者は現代社会が崇める豊かさの象徴なのです。ご高齢の方々ご自身ももちろん戸惑いやこわさを感じていらっしゃいます。いずれ若さも老いに姿を変えてしまうし、敬われていた自分はそこにはいずれいなくなるのですから。真前向きに考えると、積み重ねた年輪のような智恵や経験を活かしてみたらどうでしょうか。ゲートボールやハローワークではなく、必要とされていることや場所――おじいちゃんやおばあちゃんが亡くなっているか、あるいは遠く離れていてなかなか会いに行けない子どもたちのおじいちゃんやおばあちゃんの代わりを務める――に赴けば天使も翼がもらえるというものです。

フロリダの養護老人施設を訪問したときのことです。入所している方々は配偶者も亡くされた方がほとんどでした。驚いたことに、何もしないで時間をつぶすか、買うこともないであろう通販の化粧品の宣伝が放映されているTV番組に目は向けているけれども、聞こえているのか、聞こうとしているのかは定かでない様子がそこにはありました。また別の施設に足を向けてみました。そこでは入所されている方々を公立小学校や中学校に派遣し、昼食を生徒たちと共にし、読み書きを教えたり、さらには近隣に通う大学生の授業の一環で口述歴史資料として取材を受けたり、20世紀前半のアメリカの生活発見の生き字引として高齢者の方々はそこの施設に存在しています。

心理学者のエリク・エリクソン（Erik Homburger Erikson, 1902 - 1994）は、人は人生の最終章に近づくと萎靡（いび）性（身体が衰えて何もしなくなる状態。）体質になるか、生殖性（次の世代の若者を育て指導しようという欲求。）体質になるか、そのどちらかだと説いています。萎靡性に傾くと、自分のことしか考えなくなってしまいます。生殖性に向かえば、次世代に託す世界にするには何ができるかと考える前向きな生き方をします。この生き方が健康的であるのは言うまでもありません。自分の殻に閉じこもることなく、外に出れば、自分の役割が自ずと見えてくることは間違いないでしょう。

「他人の中に生きる自分」を見つけましょう。どうすれば見つかりますか。星の数だけあります。私は学校関係者や教育関係者、先生方の研修会などに招かれ、「教室は聖なる場所」という題で話をする機会をよく与えられます。話の最後の数分前頃になると決まって話すことがあります。それは教える立場にある人たちがかかる風邪のようなもので、いわゆる仕事のストレスや熱意が失せることからくる倦怠感に関することで、その倦怠感、虚脱感、誰もが感じる疲労感のようなものは、仕事の疲れが原因と思われていますが、(疲れない人はいません。誰でも疲れますよ)実は虚無的なニヒリズムが原因なのです。こんなことを教えて何が楽しいのか、こんなに一生懸命働いているのに……と思い始めるようになると危険なのです。では、特に教える先生方が教育ニヒリズムともいうべきものに陥らないためにはどうすればよいでしょうか？　それは、人の生き方の「隠し味」になれるかどうかを感じること、感じさせてあげることなのです。「隠し味」という脇役がその素材を引き立てるのです。そして「隠し味」で人に接するわけですから、感謝されなくてもかまわないのです。

取材記事などで、偉大な事業を成し遂げた人の境遇が貧しいほど、取材者は「すごいですね！小さい頃はどんな子どもでしたか？」などと尋ねています。そうすると、「親父は出稼ぎでほとんど帰ってこなかったですね。母は生活保護のお世話になっていましたし、ぐれて薬にも手を出しました」と始まり、医者、学者、プロ選手、議員等々、立派な職業や憧れの職業についている人であればあるほど、その後の成功の秘訣がどうなったのかと興味が増します。そして、ここで登場するのが先生という存在なのです。「今あるのは、ある先生のおかげで……」と続くわけです。教師は生徒の中の将来の可能性を見出し、目の輝きに希望を読み取るのです。教師の時間は生徒に割くのがすべてですから、生徒に本を貸し、自腹を切ることもあります。そして、それも一人だけではなく、数限りなく続くわけです。

知り合いの牧師も全員が似たような経験をしているようなのでよくある話なのでしょう。それは、「10年くらい前に、先生が説教の中でおっしゃったことで人生が変わりました」という人がいるのです。そう言われても、こちらは言ったことすら覚えていないのに、その人は10年経った今も忘れずにいるのです。この図式から行くと、毎回誰かが何かに感激して何十、何百人もの人が牧師、教師、医師にこの言葉を言いに行くはずなのですが、実際は言わないのです。あるとき、高校の成績優秀者に大学の奨学金を与える授与式に呼ばれました。その席で、感じのよい青年がハーバード大学に入学が認められ、人類学を専攻しますと語っていました。興味本位で「人類学にした理由は？」と、その青年に尋ねました。すると、「はい、高校で人類学の選択コースがあって、それがとても面白かったので。これだったら、続けられるかなって、それで決めました」と。さらに、突っ込んで尋ねました。「そのことを先生に話したの？　先生は喜んだでしょう？」というと、彼は、「いや、話さなかったですね。あぁ、話せば良かったですね……」と、顔を曇らせました。

人生を変える使者

第4章で出てきた話の繰り返しになりますが、もう少し詳しく話をしたいと思います。ヤコブの息子たちをめぐる不思議な出来事です。愛妻ラケルとの間にできた息子ヨセフは父親のお気に入りですが、他の兄弟はそれに嫉妬します。ある日、他の兄弟が家から少し離れたところで羊の面倒を見ている時に、ヤコブはヨセフにその仕事のはかどり具合を見届けに行かせます。その場に兄弟はいませんでしたが、牧草地である男に出会い、「何を探しているのですか？」と聞かれました。ヨセフは兄弟たちを探していると答えると、その男は「あぁ、それなら近くのドタン（昔サマリアにあった町）に行くと言っているのを耳にしましたが……」と言いました。ヨセフはそこで兄弟たちを見つけましたが、兄弟たちは嫉妬のあまりヨセフを通りすがりのキャラバンに奴隷として売り飛ばしてしまいました。

しかし、ドタンは牧草地ではなく大きな町で、ヨセフを奴隷として売ったのは嫉妬からではなく、その町で遊び惚けて羊たちの世話をするのを怠けていたのを見つかったからであると指摘する学者もいます。ヨセフはエジプトに連れていかれますが、そこでファラオ下の司政者になり、エジプトを飢饉から救います。他の兄弟たちは食糧を購入するためにエジプトにやってきます。そして、聖書の物語はそこから始まるのです。

しかし、牧草地で会った男はどこから来たのでしょうか。聖書は言葉を尽くして説明をしています。聖書の話にはちょい役が登場しますが、それぞれそれなりの役割を担っています。ヨセフが会った男の役割は何だったのでしょうか。その男はヨセフが兄弟たちと出会うことを確認し、決められた運命を全うするために神が遣わしたと考える学者もいます。もし、天使を天国から来た翼を持った人の形をしたただの人形みたいなものではなく、私たちが行くべき道に導くために遣わされた使者だとしたら、それは正しいかもしれません。

もし、ヨセフがその男に出会わなかったら、兄弟たちがいつもの場所から別の場所に行ったことが分らなかったでしょう。どこに行ったかも見当もつかなかったでしょう。そして、引き返して家に戻ったでしょう。ヨセフは兄弟を捜しに行くのにためらいを感じたでしょう。そして、会わないですむようによい口実を見つけたに違いありません。そうすれば兄弟たちに捕まってエジプトに向かうキャラバンに売られることもなかったでしょう。ファラオはヨセフの助言を受け入れることもなかったでしょう。ヨセフの助言のおかげで飢饉があっても、エジプトは中東で穀物が豊富の唯一の国です。ヤコブの家族はエジプトに移り住むこともなかったでしょう。ヤコブの子孫が奴隷になることもなかったでしょう。そうなればモーセも出エジプトも十戒もなかったでしょう。世界の歴史も全く違ったものになっていたでしょう。

牧草地で会った男は兄弟を捜していた少年とほんのひと言ふた言、話した少年のことを覚えているでしょうか。もし、覚えているのなら、その短い会話が歴史を変えるかもしれないと思ったでしょうか。レーメン博士の患者で、販売した医療機器の数を計算している経理担当の会社員の方がいます。その人のおかげで、多くの人の生活の質が向上しました。そのことを感謝されて当たり前と、その人は思うでしょうか。ブルックリンやノースカロライナで教える教師が名前さえ知らない子どもにちょっとした激励の言葉をかけたことが、将来何百人もの人生に影響を与えるかもしれないと気づくでしょうか。そして、私たちの人生に現れた天使たちはどうでしょうか。夫婦になる人との出会いとなったパーティに誘ってくれた友人。自分と家族をより深く理解するのに役立った本を推薦してくれた隣人。公園のベンチに新聞——その新聞で見つけた記事や求人欄で人生が変わった——を置いていった男性。全ての人生は他の人生に関わっているのです。そして、自分がいかに他人の人生に大きく貢献しているかを知っているかをわかっている人はほとんどいません。

自分は善人だと意識する

一人の一般人が本当に世の中を変えられるのでしょうか。名もない私たちが歴史を変えることができますか。単独で行動しても山を動かし、大きな貢献をすることはまずあり得ません。しかし、善人が集まり、善行を重ねれば善良さを貫くコミュニティーの一員として、世の中を変えることができます。無力な存在ではないのです、私たちは。

1985年に封切られた映画『目撃者』から教えられるものがありました。この映画は12歳の男の子が電車の駅のトイレで殺人を目撃するのです。この男の子の住まいが、ペンシルヴェニアの片田舎のアーミッシュ村という独特の生活を送っている場所となっていて、ハリソン・フォード演じる刑事ジョン・ブックがその男の子を殺人者から守るという筋書きなのです。ジョン・ブックは、殺人は同僚の悪徳警官たちの手によるもので、次は自分の番だと知ってその村に身を隠すわけです。しかし、悪党どもは居場所を突き止め追ってくるのです。

この映画の監督のピーター・ウィアーはオーストラリア人で西部劇を中心に制作していました。この映画の前半の場面で、男の子がハリソン・フォードの使う拳銃に興味を持つところがあって、まさしくそこは西部劇の名作、『シェーン』と重なり、そして、往年の名俳優ゲーリー・クーパー主演の『真昼の決闘』のクライマックスを彷彿とさせてくれます。前出の映画『目撃者』に戻ると戦々恐々としている悪党が拳銃片手に脅かすような音楽とともに丘の上に現れます。その少し後で、ハリソン・フォードが納屋に追い詰められ、見えないように牛の横に隠れてうまく逃れるのですが、これは『真昼の決闘』のクーパーの手法を思い出させます。また、ホメロスの叙事詩『オデュッセイア』主人公オデュセウスを思い起こす人もいるでしょう。

『目撃者』『真昼の決闘』を観た映画ファン諸氏は、私と同じように話の展開がダブってくる人が多いでしょう。『真昼の決闘』では、クーパーの妻役のグレース・ケリーは平和主義者のクエーカー教徒であるにもかかわらず、最後の場面で銃を手に取り、夫が撃たれそうなときに、素早く悪党を撃つのです。この映画からくみ取れるのは、絶対守らなければならない金科玉条も時として破られることがあり、悪者たちを懲らしめるために自分の「インテグリティ」すら、曲げることもあり得るということを言いたいようです。火をもって、火に立ち向かい、悪には悪のやり方をもってして対抗する必要もあるということでしょうか。

『目撃者』では、男の子が、ハリソン・フォードの銃のありかを知っていることに気づき、グレース・ケリーがしたように、村の掟を破って銃で救うのかと思いきや、予想を裏切って、ウィアー監督は男の子を銃ではなく、鐘を鳴らして村中に危険を知らせて納付たちを呼び寄せる方法を取らせたのです。百人もの丸腰の男たちが集まり、犯人をにらみ据え、この場でいかなる犯罪も許さないという必死の思いを込めて……。悪徳警官もこの集団無抵抗自衛力の前にはとても歯向かえるものではありませんでした。

『真昼の決闘』は1952年に制作されたわけですが、当時は映画界に少しでも共産主義の影響があれば政府が目をつけ取り締まるという時代でした。つまり、隣人は助けてはならない、自分を守るためには意に添わないこともやらねばならないという時代風潮だったのです。ところが、『目撃者』が制作された1985年という時代は楽天的な気風が漂っていました。一人の力で悪に立ち向かうのではなく、善人が多く協力しあって打ち勝つという気運がただよっていました。

私もそうだと思います。ヒーローが一人で出来ないことも、普通の一般人が一丸となってやれば出来るのだということを信じてやみません。つつましやかなことも時として抑止力の効果を持つと信じて疑いません。前にも述べましたが、自分は善人だと意識し、かつ周りの人の意見をよく聞くことは本当に大切なことです。

1980年代、サウスダコタ州のパインリッジ特別保留地に住んでいるアメリカ先住民はDV（家庭内暴力）という問題に悩まされていました。酒乱や欲求不満から夫が妻や子どもを肉体的に傷つける問題が後を絶たなくなってきました。保留地には警官の数は少なく管理も行き届かないためにどうしてようもない状態でした。そこで、困った部族の長老たちは伝統的なShame「面よごし」療法なるものを試したのです。妻や子どもを殴る夫は近隣の人たちから無視され、度重なると山頂に連れていかれ、見張り付きで三日間絶食させられます。前出の映画『目撃者』では村中の協力が法律を上回りました。それは、見くびってはいけないという警告です。タルムードを開くと、これから死を迎えようとするひとりの賢者の話が載っています。弟子たちがその賢者の最後の言葉を賜ろうと枕元に集まりました。そこで賢者は弟子たちに「人をも、神をも畏れるように」と言いました。これを聞いた弟子たちは聞き間違えたのかと思い、ひとりの弟子は「先生、大丈夫ですか。つまり、人よりは神のほうを畏れなさいということですよね」と聞き返しました。すると賢者は「いや、みんなもよく聞きなさい。神が認めないことをする人が多いし、どんなことをしても周りの人に見つからなければよいという人が本当に多いものです。せめて、人と同じ程度に神を畏れていてくれればよいのだけれど……」と言いました。

非行を抑制する力は共通の社会的ルール、社会的ブレーキや善良な人たちの団結パワーに選るものはなく、説教や懲罰で対処するものでもありません。一人の力で出来ないものも、みんなで団結すれば必ずや成し遂げられるのです。

メシア（救世主）の到来を待つ

イスラエル人のS・Y・アグノン（S. Y. Agnon, 1887 - 1970）は小説（短編、長編ともに）が認められて1966年にノーベル文学賞に輝いた作家です。内容が濃く、ヘブライ語で文字がぎっしりつめて書かれています。アグノンの特徴は、一見すると難解で古めかしく思えますが、じっくり読んでみるとなかなか研ぎ澄まされた繊細な感覚で書かれていることが分かります。

アグノンの本を出版した社長の息子が13歳でバル・ミツヴァー（ユダヤ教で13歳の男子に行う成人

の儀式）を迎えたので、アグノンはその記念にその子に13章から成り立つ『スカーフ』（The Kerchief）という短編集を送りました。私の場合も、息子のアーロンが同じく13歳になったときの安息日にはアグノンの小説を基にした説教をしました。

『スカーフ』の物語に登場する語り手がいるのですが、その少年が憶えているのは、母が安息日や休日という特別の日だけにしか使わない、シミひとつない新品同様の華やかなスカーフを持っていたことでした。その語り手も13歳を迎えて母からスカーフをプレゼントされます。今ではほとんどのユダヤ人の親たちは13歳になった息子に礼拝用のスカーフを贈るようになっているほどです。それは少年のとても大事な神聖な宝物で、母同様に手入れを怠ったことはありませんでした。

学校でその少年はメシア（救世主）について学びます。メシアはボロをまとい、物乞いに姿を変えて世界中を旅します。見つけて近づいてくる人がいると自分の正体を明かし、世界から病気や苦悩を失くそうとしていました。少年はある時、商店街の入口でボロ布を着た物乞いに出会いました。足は傷だらけで血がにじんで痛々しく思えました。とっさに母からもらった大切なスカーフを差し出してしまいました。その物乞いは感謝して傷だらけの足をそのスカーフで包んでいました。少年は家に帰ろうとしますが、母からもらった大切なスカーフを汚してしまった罪の意識にさいなまれ、また、メシアと思い間違いをしてしまったこと、世界はまだ何も変わらず依然と混とんとしていることに、心は落胆しきってしまいました。しかし、家に帰る道すがら、太陽の光が、天からの喜びを披露するように少年にさんさんと降り注ぎます。少年がしたことに祈りを込めて拍手で讃えているようでした。さらに、母の微笑む姿も目に映りました。

アグノン氏にお会いしたことが一度あります。イスラエルで勉強していた時のことでした。氏が書いた物語のひとつの意味合いについて尋ねたことがありました。すると、答えは、「私は、ただ書くだけです。解説は批評家に任せてありますから」というものでした。しかし、アグノン氏に詳しい説明を求めなくても、この物語は理解できます。成長期にあるこの少年は道徳を絵に描いたような子ですが、世直しをしたかったのです。来るべきメシアの時代へ案内をする先導者になりたかったのです。実現させるには勇敢で、与えられるものは与えるという精神を実行したまでのことなのです。でも世直しは出来ませんでした、そう思いますか。最後にこの物乞いはどうなるのでしょうか。見捨てられ途方に暮れていた矢先、子どもが現れて血がにじんでいる足を守るきれいなスカーフを与えられて、物乞いにとって世界は変わったのでしょうか。世界は居心地の良い場所に突然なったのでしょうか。その後、何が起こったとしても、その子どものした親切という名の小さな瞬間が大きな爆発として心に轟きわたることでしょう。

私の息子のバル・ミツヴァーの安息日に説教をしたことは前に書きました。その説教の中で述べたことですが、どれほど望んでもメシアは呼べないし、世界の問題を解くことは困難です。まして、メシアを自分自身の問題を片づけるために呼ぼうとするのはもってのほかです。しかし、大切な人のためにメシアの到来を願うことは可能なのです。願ってください。そして、大事な人の物語がハッピーエンドになるように脇役を演じてください。そして、信じて望みましょう。その大切な人も、また、お返しをしてくれます。実は、私はバル・ミツヴァーの1年後に14歳になった息子を亡くしました。難病で珍しい成長機能障害の病気でした。息子は自分のためにではなく他人のためにメシアを連れてきました。クラスメイトの半数以上が息子を「生涯の中で最も忘れがたい人物」と称し、また、息子が自分の病魔と闘う姿を見て、どれだけ励みになったかを寄せ書きしてくれました。

あなたは大切な存在

血縁関係はなく、作家仲間でもある親友で、同僚のラビ・ローレンス・クシュナーは、こういうことを書いています。

「各人の人生はジグソーパズルのピースで、ピースがいっぱいある人もいれば、そのピースがバラバラで組み立てられない人もいます。重要なことは、自分の中にあるピースは自分のパズルに合うピースだけではないということです。誰でも誰かのピースを持っているのです。ひとつのこともあるし、それこそ数え切れないぐらい多くのピースのこともあります。人それぞれです。気づいている人、気づかいない人、様々です。たとえば、自分には価値がなく必要でないピースが一枚あれば、他人にあげましょう。その瞬間、あなたは天上界からの選ばれたのです」と。

あなたが誰であろうと、人生でどれだけ成功していようがいまいが、神はあなたのことを忘れないでしょう。神との関係は絶対服従を要求する主従関係でもなければ、生き方を教える師弟関係でもありません。神が、「盗むな、姦淫するな、盲人をだますな、貧しき人を辱める(はずかし)な」と言うときは、神は生き方をせばめているわけではなく、人が生きていく中で満足する喜びを持続させようという配慮なのです。正統なユダヤ教を継承する信者としての私は、ある食べ物は食べないし、安息日は働かないと言って、人並みでないとか、人生を謳歌していないと思ったことはありません。全く逆なのです。締め切りまでに原稿を仕上げなければならないという真剣なことではなく、昼食で何を食べようかとか、安息日に何か軽く読めるものを探そうとか、取るに足らないことほど、信仰の確信ともいえる神とつながっていると感じる瞬間なのです。神は人生のつまらないと思える瞬間、瞬間に神聖をどのように授けるかを教えてくれます。

オスカー・ワイルド（Oscar Fingal O'Flahertie Wills Wilde, 1854 - 1900）はかつて次のように言いました。「この世で最大の快感は匿名で善行をなし、誰かにそのことを発見してもらうことだ」と。

この言葉の皮肉な要素を無視すれば、言いたいことに同意します。宗教的見地から生まれた私にとって重要な人生訓のひとつは誰かに親切にしてあげたり、思いやりのあることをしたり、意地悪で相手を傷つけたりしないことです。そのような誘惑に屈してはいけないし、怒りの言葉を口に出してはなりません。そして、そのことで誰にも褒められなくても、誰かが私のことを見ていてくれます。

お金の稼ぎかた、使い方はもっともレベルの高い次元――つまり神――で評価されます。

苦しみを経験し、「なぜ私だけが……」と問いかける善人について代表的な議論を展開するヨブ記はいつも問題を提起してきました。しかし、その結末を理解できたとはとても言えません。42章にも及ぶ壮大な神学的な詩を通して、理不尽な不運に苦しんだヨブは神になぜそのような苦しみを味わわなくてはいけないのかと説明を迫ります。そして、ヨブ記の最後で神が登場します。しかし、ヨブの質問には答えないで、なぜ善人が苦しむのかなどと関係のないことばかり聞いてきます。私が世界を創造するところを見ましたかとか、いつ野生の羊が子どもを産むかを知っていますかとか、海の怪獣レビヤタンを捕まえられますかとか。しかし、ヨブは神の言葉に満足するのです。

何百人もの学者が長い間かけてヨブ記の結末を解明しようとしてきました。神はヨブに「うるさい、だまれ。これは私が創造り上げた世界だ」と言って、威厳を見せつけ無理やり服従させようとしたのでしょうか。また、神は一人の人間の運命はこの広大な宇宙ではたいした意味を持たないと言っているのでしょうか。神は人生とは不平等なものだとでも言うのでしょうか。

私はヨブ記の作者は、ヨブは神の言葉でなく、神を直接見たことに満足したと言っていると確信するようになりました。ヨブの質問に答えて疑問を払拭したのは神と実際に言葉を交えたことであって、何を語ったかではなかったのです。神はヨブの名前を知っていました。それだけで答えになっていました。

私たちが神にとって大切な存在であると知ることで疑問や不安は吹き飛んでしまいます。世の中の役に立つためにガンの治療法を発見する必要はありません。神の目に留まるような偉大な小説を書く必要はありません。ただ、他者と人生を共にし、萎靡性よりも生殖性を選べばよいのです。マザー・テレサ（Mother Teresa, 1910 - 1997）が「偉大なことを成し遂げられるのはごく限られた人だけですが、でも、小さなことなら大きな愛をもってすれば誰にでも可能です」と言ったように、あなたは現在進行中の大きなドラマの脇役なのです。ドラマに脇役として立ち会えることは限りなく光栄なことです。

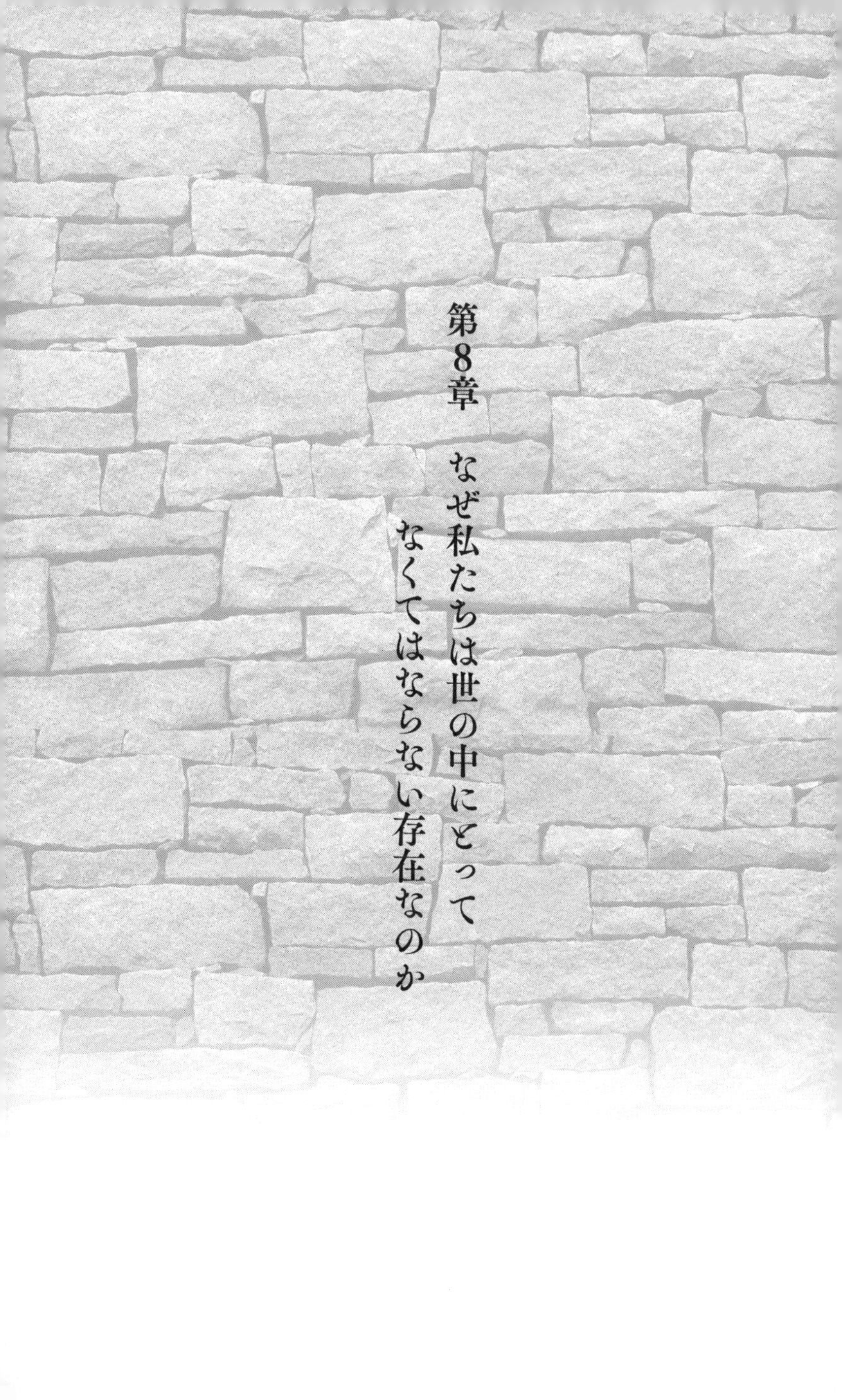

第8章　なぜ私たちは世の中にとってなくてはならない存在なのか

意義ある人生を送る

ラビ（ユダヤ教の聖職者。聖書と口伝律法の注解者たる律法学者の称号としても用いられた。）として30年間たくさんの人が息を引き取るのを看取ってきました。最後の望みを託した手術を控えた前の晩、その人の手を握って一緒に祈りました。回復する見込みのない病気を抱えた人の病状が毎週、毎週悪化するのを見てきました。死に直面しても、勇気、愛、ユーモアを持ち続ける人を見てきました。死を目前にした人たちは大きな教訓を与えてくれました。そして、その教訓はそのような状況に直面しなければ得られなかったでしょう。ほとんどの人は死を恐れませんでした。しかし、正しい生き方をしたかどうかをしきりに気にしていました。本書の冒頭で述べたように人々は死を恐れることはありません。人は死を避けられない事実として受け入れます。それよりも数倍愕然（がくぜん）とするのは自分が無用の存在で、つまり、私たちはただ生まれて人生を送り、いつか死んでしまうだけで、その人生には何の意味を持たないのではないかと感じてしまうことです。人は永遠に生きようとは思っていません。永遠に生きることとは良書を読む、よい映画を見るのと同じで終わりがありません。人々は自分の人生話には、始め・中間・終わりがなければいけないことを知っています。しかし、人々が必死で求めているのはまっとうな人生を送れるまで長くいきたい、どんなに長くかかっても意義のあることをしたいと実感することです。

作家ミラン・クンデラ（Milan Kundera, 1929 -）は次のように書いています。「すべての人は無関心な世の中で自分の名前、いやその存在さえ知られないで消えていくことに耐えられません」と。マーク・トウェイン（Mark Twain, 1835 - 1910）がトム・ソーヤーに自分の葬式に出席させ、死んだと思い込んでいる人々の弔辞を聞かせたのは、人は自分の葬式で人々がその死を悼む言葉を聞いて、自分は意義のある人生を送ったと安堵するという、誰もが抱く幻想からヒントを得たのかもしれません。生きている間に注目され、死後も忘れられないように立派なことをする人もいれば、酷いことをする人もいます。世の中は自分に対して無関心ではないという確信を得ようと宗教にすがる人もいます。

ヤコブは晩年、お気に入りの息子が政府高官として就任しているエジプトに落ち着き、子どもたちと孫たちに囲まれて安楽に暮らしました。しかし、ある日、創世記第48章にあるように彼は「父は病気だ」という知らせをヨセフに送りました。細かいことですが、ユダヤ人の伝説ではヤコブは聖書で病気になったと記述された最初の人物です。その伝説によると年を取るにつれて病気になったり衰弱したりすることがない世界を想定しています。人々はずっと生き続け、ある日、クシャミをするとその魂は鼻から吹き飛ばされて死ぬのです。今日でも、クシャミをすると"Gesundheit"［ドイツ語英語］＝お大事にとか"God bless you"＝神のご加護がありますように、と言うのはそのためです。ヤコブは迫った自分の死を事前に教えてくれるように神に祈りましたが、それは身辺整理をして自分がいなくなっても家族が生きられるように準備するためでした。

ヨセフは父ヤコブを訪ねてきました。そして、ヤコブは自分の人生を振り返ります。ヤコブは長生きをしました。ほとんどの人が生まれ故郷から離れて旅をしたことのない時代にヤコブは3か国に住みました。富も貧乏も、勝利も敗北も経験しました。しかし、自分の人生を顧みると二つのことを思い出します。神が目の前に現れ、欠点があり失敗を重ねているが、善良な人間に成長して、世の中に何か影響を与える人物になると言ってくれた「夜」をヤコブは思い出します。そして、本当に人を愛するとはどんなことかが分かったときのことを思い出します。ヨセフの母でもある妻のラケルはずっと昔に亡くなりましたが、ヤコブは、「愛と記憶」は死よりも強いことを学びました。そして、それ以後、妻の思い出が毎日のように蘇ってきました。

ヤコブの人生は間違っていなかったように思えます。その経験でわかった善と愛が確信を与えてくれました。人生は捨てたものではないと。人生は無駄ではなかったと。ヤコブは若い時の過ちと道徳的な弱さを克服することでいかにして善人になりえたか、善人になってどのように世の中に貢献できたかを満足そうにまた感慨深げに振り返ることができました。子孫が世界に聖書、十戒、預言者、詩篇をもたらすのをヤコブは予見できなかったでしょう。すべての人が利己主義でなく寛容さを求め、欺瞞（ぎまん）でなく真実を求めるのなら、寛容性と真実の世界に一票を投じたことになるとヤコブが信じてもおかしくはありません。もし、たくさんの人がこのように投票すれば、もっと寛容で真実に満ちたコミュニティーを作り上げることができます。

若きヤコブは自分の足跡を残すには人を利用しなければならないと信じていました。盲目の父、粗野な兄でさえそうでした。他人の弱点を見つけて、それを逆手に取れば勝利を収められ、相手は敗北すると思っていました。しかし、ラバンはヤコブの弱点が、つまりラケルに対する愛だとわかると、その弱点を利用して弱みにつけこみヤコブを騙しました。ヤコブの人生は一変しました。ヤコブはラバンといると、まるで、自分を鏡で見ているように感じました。そして、映ったものは嫌なものでした。ヤコブは本質的にはまともな人間であり、他人に悪く思われたくないと思っていました。しかし、ラバンが他人や、たとえ甥でしかも義理の息子でさえも、打ち負かすためには手段を択ばない人間ということが分かり、軽蔑するようになりました。そして、私たちが作り出す世界が、もしすべての人がラバンのように振る舞う世界なら、そのような世界はご免こうむりたいとヤコブは思ったことでしょう。

世の中をよくするために

大晦日の晩に祝いの行事を計画していたある村についての古い民話があります。村民全員がワインボトルを一本持ってきて、村の広場にある大きな樽に入れるように言われました。大晦日の夜にその広場で村民全員にそのワインが振る舞われ、新年を祝うことになっていました。真夜中になった時、村の長老は樽の栓を抜いて皆で飲みましょうと言いました。しかし、乾杯しようとグラスを高く上げた時、グラスの中には水だけなのに気づきました。村人も同じことを考えたのです。もし、自分以外がワインを持ってくるのなら、一人ぐらい水を持っていても誰も気づかないだろうということを。ラバンのような人種が集まっている村では全員が騙します。その結果、全員が騙されます。うそつきが信用されるのはほとんどの人が嘘をつかないからですが、それと同じように不心得者は自分の企みを成功させるためには他の人の正直さと寛大さが必要です。善良な人は他人が自分と同じように行動することを願っています。しかし、ラバンのような人種は企みを成功させるための利口さと冷酷さが備わっていればよいと思っています。善良な人は善行を積んだとしてもマスコミに大々的に取り上げられることはありません。しかし、まっとうな社会にするには善行の積み重ねが必要なのです。

自分が勝つために相手に勝つ必要はないのです。また、世の中に影響を与えるには立派なことをする必要はないし、マスコミに大きく取り上げられる行動をする必要もない、という教訓を得ました。毎日、真面目に働いている人、隣人を懸命に助けようとする人、子どもを笑わせる人は、世の中を変えることができます。

王が独裁で支配する社会から、人民が選挙で自らの将来を決定する社会へと、ゆっくりではあっても確実に変遷するのを見てきました。それは、私たちが選挙で投票するだけということではなく、私たちが毎日何百回と何気ない選択や決定を繰り返すことによって可能になり、それが積もり積もってより良い社会になるということでしょう。

私はジョン・ル・カレ（John le Carré, 1931 -）のスパイ小説が大好きです。それは非常に巧みなプロットと国際諜報活動での、あるのかないのかよくわからない倫理観、に対する鋭い洞察が魅了的だからです。スパイ小説のほとんどが精錬潔白な善玉と途方もない悪玉を対決させるのが常です。ル・カレのヒーローは欠点を持ち、間違いを犯す可能性のある人間で、その善良さは正義と悪に、区別が曖昧な世界において、生きることに確信を持てずにいます。また、ル・カレの作風と登場人物の描き方が素晴らしいのです。結末はあいまいな倫理観で終わることが多いのですが、なぜそのような結末になるかはおおよそ理解できます。ただ、ル・カレの小説に一度だけ心を揺さぶられたことがあります。それは“Smiley's People, 1979”『スマイリーと仲間たち』というタイトルの小説で、イギリス人スパイのジョージ・スマイリーと宿敵ロシア人スパイのカーラが対決する話です。いつもカーラはスマイリーを打ち負かし、相手よりも常に一歩先んじ、賢さも少し勝っていました。しかし、スマイリーはカーラの娘は精神障害があり、また、娘をスイスにある療養所に入れるために諜報のための予算の一部を流用したことを知りました。これは、ソ連の法律に違反しています。スマイリーはカーラに次のようなメッセージを送ります。「もし、イギリスに亡命したら娘が最高の治療が受けられるように取り計らおう。そうしなければ、秘密をソ連政府が察知するように工作する」と。その小説はカーラのイギリス亡命で終わります。

しかし、善玉が勝ったのでしょうか。スマイリーの人生は、諜報活動でイギリスがソ連に打ち勝てば世界はよくなるという信念が基盤になっています。そして、読者もそのことに異論はないでしょう。しかし、ドロドロした道徳、倫理観が曖昧な世界でそれを実現させるのに彼は相手方の娘に対する愛を利用して勝利しました。ル・カレは次のような質問を投げかけて迫ります。ここでは誰が善で、誰が悪なのでしょうか。小説の最後の場面でスマイリーは同僚に祝福されます。「ジョージ、やったね」。そして、次のように答えます。「うん、そうだね。そうかもしれない」と。

しかし、明らかに戸惑いがあります。民主主義を盾に冷酷に行動するスマイリーのような人物がたくさんいるのと、勝つことよりも無垢(むく)の子どもを愛するカーラのような人がたくさんいるのとでは、世の中が良くなるためにはどちらがよいのでしょうか。

唯一残るもの、唯一意味のあるもの

これはヤコブの第二の忘れられない思い出に通じます。ヤコブの人生は失敗ではありませんでした。ヤコブの人生は無意味ではありませんでした。少なくとも人生で一度は人を愛する気持ちがわかったからです。

何年か前に、なぜ善人に悪いことが起こるのかという命題に苦しんでいました。そのときにソーントン・ワイルダー（Thornton Niven Wilder, 1897 - 1975）が１９２７年に著した小説『サン・ルイス・レイの橋』（The Bridge of San Luis Rey 岩波文庫、復刊１９８７年）に出会いました。ワイルダーも善人がなぜ苦しむのかという問題に悩んでいました。その本は小さなペルーの村の深い渓谷にかかるロープのつり橋の話で、ロープが切れて５人が死んでしまいます。ジュニパー修道士はその悲劇を目撃します。そして、なぜ神はそのような事故を起こしたのかという疑問に取りつかれます。親戚でもないのに、一見無関係な5人の被害者について調べます。その結果、それぞれが最近人間関係の悩みを解決していたことがわかりました。そして、それぞれが他人を愛するとはどんなことかを知りました。ジュニパー修道士の結論は「私たちがこの地上にいるのは愛することを学ぶためで、それができれば、人生の目的を達成したことになる」ということでした。その本は次のような言葉で結ばれています。「私たちもいつかは死んで、その5人の全ての思い出は地上から消えてなくなります。私たち自身もしばらくの間は愛され、そして、忘れ去られます。しかし、その愛だけで十分でしょう。生きている人の国があり、死んだ人の国もあります。そして、それを結ぶのは愛です。それは唯一残るもので、唯一意味のあるものです」。

ヤコブは人生の終焉に近づき、おおよそ次のようなことを言います。「若い時には世の中を変えたいと思いました。偉い人間になって全ての人々に名前が知られる存在になりたいと思いました。それは実現しなかったかもしれません。しかし、その過程で私は人を愛しました。それが人生の全てでした。そして、それは何物にも代えがたいことでした」。

若くして亡くなった人、あるいは不幸な死に方――例えば犯罪、酔っ払い運転、無用な自己の犠牲者――をした人の葬式に出席したことがあれば、弔辞で必ずと言っていいほど多用されるある言葉に気づくでしょう。「私たちが愛したこの人の死を無駄にしないように何かしなくてはなりません」。

私たちの魂は善人の人生に何か意味づけをしたくなります。新しく法律を制定したり、さらに医療の研究を進める呼びかけをしたりすることなどがそれに当たりますが、いずれにせよ、私たちは悲劇が起こっても何か善なるものを引き出すことが出来ると考えて安心したいのです。私たちは善人が早死にするという事実を到底受け入れることが出来ません。そのような人たちの人生が無駄であったと考えるのは耐えられないのです。

悲劇とは何か善なるもの、人生を豊かにするものの礎にすることが出来ると私は考えています。それを実現しようと一生懸命やってきました。しかし、その努力が実るかどうか、新しい法律が成立するかどうか、新しい研究のための資金が集まるかどうかといったことは別にして、そのことで人生は無駄にはなりません。人が愛を知り、愛を感じ、愛を与えたならばその人の人生は世の中の役に立ったことになります。

アリス・マクダーモット（Alice McDermott, 1953 -）の小説『チャーミング・ビリー』（Charming Billy 早川書房、1999年）は、働きもので大酒のみの愛すべき兄弟、夫、友人の死を悼むアイルランド系アメリカ人の家族についての物語です。その中で、未亡人は、慰めに来た神父にこう言います。「神父さん、ここまで生きて何の意味もなかったかと思うと悲しくなります」神父は答えます。「とんでもない、有意義な人生でしたよ。結果がどうあれ、あなたが感じたこと、あなたがビリーのためにしてあげたことの全てが意味を持っているのです」。

愛した人が亡くなった時、その人にささげたすべての愛はどうなるのでしょうか。イスラエルの詩人イェフダ・アミハイ（Yehuda Amichai, 1924 - 2000）はその質問に対して、大胆で驚くような発言をしています。人間の体は生きている間に、両親、恋人、伴侶、子ども、友人からの受けたすべての愛を吸収し、それを貯金するのだとアミハイは言います。そして、肉体が朽ちる時その愛は壊れたスロットマシーンのように、何世代にもわたるコインを吐き出すかのごとく、肉体から放出されます。そして、近くにいる人たちと全世界が回帰した愛によって暖められます。人は死にます。しかし、愛は死なないのです。それは、心から心へ、生命から別の生命に再生されるのです。ラケルと出会い、恋に落ち、ラケルが悲劇的な死を遂げ、何十年経とうとも、「与えた愛と受けた愛」の思い出で、ヤコブは暖められています。

ヤコブが自分の人生が有意義で、自分が生きたことで世の中が少しよくなったと安心感を得るもう一つの方法があります。ヤコブはそれを記録などしていません。それは、正確には過去の思いにとらわれないからです。それは、過去ではなく未来に対する希望から生まれています。創世記の終わりに人生を振り返って、子どもたちや孫たちを枕元に呼び祝福しました。各自の善良さを褒（ほ）めたたえ、道徳的な誤りについて強く叱責しました。しかし、話をしている間にみんなの幸福と健康を願う気持ちと、自分の不朽不滅を実感してほしいと強調しました。自分が学んできたこと、今まで培ってきた信念は、死んでも消滅せず、子どもたち、みんなに与えた価値観の中に生き続けます。「私の生涯を今日まで導かれた牧者なる神よ。どうか、この子どもたちの上に祝福をお与えください。そして、私の名が彼らによって覚えられますように」（創世記48章15―16節）。

この瞬間、同時にヤコブは神に祈りました。自分の名前、思い出、自分の考え、価値観を次の世代に継承してくれる人々と共にこの思いを分かち合える望みを、また自分の死期を前もって自分に知らせて欲しいと祈りました。

世の中のためになる生き方

本書はまず初めに良心と成功、善人になる希望と世の中に影響を与えたいという欲求と葛藤について指摘しました。しかし、そのような葛藤は必ずしも必要がないこと、善人になって、そのような善人を集めて道徳的なコミュニティーを形成すれば世の中に影響を与えることが判明しました。

また、本書で、一人の人間が人口何十億という世界でどれくらい影響を与えることができるかと疑問を示しました。私たちは愛と善良さが想像以上に重要であることがわかりました。梯子の夢でヤコブは希望の贈り物をもらいました。その贈り物とは現在の自分よりさらに高められ、現在のように倫理的に問題がなく、道徳的に葛藤することがなくなるという約束です。天使との対決で筋の通ったインテグリティな生き方という恵みを受けました。そして、神の価値観を自分の価値観にすることで分裂したヤコブの魂に安らぎを与えました。結婚し、親になったことで、不死の約束を獲得しました。その約束とは、信念として培ったものは死後も脈々と生き続けるという未来図でした。

最後に個人的なことで、本書を締めくくりたいと思います。私は、今、人生でこれまで生きてきた年月よりこれから生きる年月のほうが短い時点にいます。ヤコブのように神が私を導いてくれた道を満ち足りた気持ちで振り返ることができます。ヤコブのように、私もおこがましいですが、天使と格闘し、抵抗を試みました。そして、最後に天使には敵わないという知恵と恵みを得ることができました。ヤコブのように成功と挫折の両方を経験しました。もっとも、恵まれた年の方が不幸な年より多いのですが……。私は詩篇の言葉で祈りました。

あなたがわたしたちを苦しめられた日々と
苦難に遭わされた年月（としつき）を思って

わたしたちに喜びを返してください。」（詩篇90・15）。

そして、私の願いは叶いました。ヤコブのように命よりももっと強く愛した者を失い、その後、その者とその者の愛を毎日思い出すという経験をしました。ヤコブのように自分の中に力を見出しました。そのような力はそれまで必要がないと思っていましたし、そのような力が私にあるとは思いもしませんでした。その愛の思い出に深く根ざした力です。そして、ヤコブのように、今日私を愛し、私も愛している家族に囲まれています。私は妻がまだ生きているので、ヤコブより幸せなのです。

長く生きていて、死亡欄などでいやというほど数限りない死亡者の名前を見て、死という現実と直面するとき、私のような物書きは他の人と比べるとまだ救いがあります。というのは、少なくとも私の死後、私の本は図書館や家庭に保存されます。それだけでなく、私の考えや私の肉体よりも本当の私である〝価値観〟は私に手紙を書いてくれた人たち、講演の後で私の著書に感動したと言ってくれる人たちの中で生き続けます。

しかし、結局のところ、私が不死であること、つまり私の人生が有意義で無駄に生きたのではないという満足感の本質は他の人と何ら変わることはありません。私はそれを仕事、親切な行為、与えた愛、与えられた愛、私のことを覚えてくれて微笑む人々、私の名前と思い出を永遠のものにしてくれる子どもたちや孫、そのような中に見出します。私は慈しみの心を持ちました。そして、読者の皆さんにワルドー・エマソン（Ralph Waldo Emerson, 1803 - 1882）の言葉を贈りたいと思います。

世の中を少しよくしてこの世を去りましょう。健康な子ども、庭の小道、社会状況の改善、と、なんでもよいのです。あなたが生きたことで一人でも救いを得たと知れば、それで大成功です。

タルムードは次のような二人の賢人の会話を載せています。

「先祖ヤコブは死んではいない」

「そんな馬鹿なことがあるか。聖書にエジプトで死んでヘブロンに埋葬されていると書いてあるじゃないか」

「善良な人は死後も不滅です」

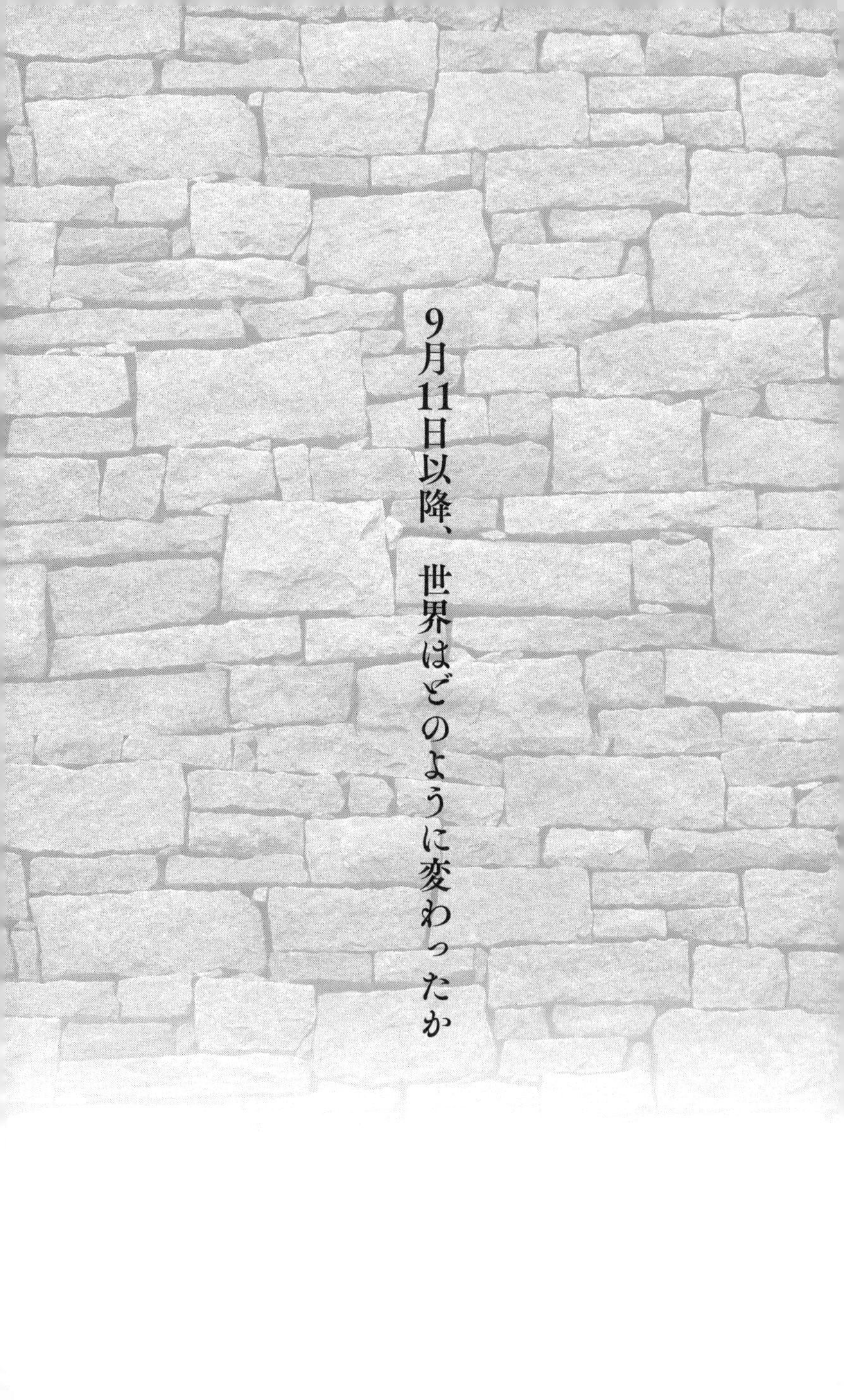

9月11日以降、世界はどのように変わったか

愛のちから

本書は2001年9月にハードカバーの単行本として最初出版されました。その1週間後に4機の飛行機を乗っ取ったテロリストがニューヨークの世界貿易センタービル、ワシントンの国務省に突っ込み、1機はペンシルヴェニアの野原に墜落しました。その結果、たまたまその場で仕事をしていたか、たまたまその飛行機に乗り合わせただけの何千人という罪のない人が亡くなりました。この事件後、世界は大きく変わってしまいました。真珠湾攻撃が歴史の教科書の1ページを刻んでいる世代の人たちにとっても、全く違う世界になるでしょう。アメリカ人はイスラエル、コロンビア、北アイルランド、また地球上で多くの地域に住んでいる人々が感じている不安感を経験しなくてはならないのです。

9月11日の出来事があって、私たちは自分と世界全体について何を学んだのでしょうか。そして、本書に展開されている考え方がその出来事を少しでも解明する助けになればと願います。この悲劇で最も胸が痛むのは、自分たちが生きていられるのはあと数分だと思ったときの乗客の行動です。誰も会社に電話を入れる人はいませんでした。誰もブローカーに電話をする人はいませんでした。例外なく全員が家族に電話しました。彼らの最後の言葉はほとんど同じで、「ここから生きて脱出できないかもしれない、お前や子どもたちに愛していることを伝えたかったんだ」。9月11日の犠牲者は飛行機の乗客もしくは、ほとんどがビルに事務所のある人たちで、偉い重役や低賃金で働く調理場の手伝いをする人など多種多彩でした。しかし、大混乱の中で、迫りくる死を正視した全員は今までぼんやりと感じていたあることに目覚めました――家族と愛する人たちが何よりも大切だと――。仕事でもないし、投資でもないし、将来計画でもありません。

本書の主要なテーマは人々がひとかどの人物になりたいという欲求、つまり世の中に自分が存在する価値があるという安心感ですが、その結論は、そのために私たちの一番身近にいる人――仲間、子どもたち、家庭、親友――を愛することです。愛はみんなを変えます。そして、愛を与えることで私たちも変わります。さらに、みんなの愛を積極的に受け入れることでみんなも変わり、私たちも同時に変わります。

2001年9月の悲しい出来事から何かを学んだとしたならば、それは愛の力と重要性を再発見したことでしょう。多くの人は世の中に足跡を残すには相手を打ち負かし相手の弱点を探してそれを最大限に利用することだと考えています。おそらく、あの悲劇を経験して世の中に足跡を残すのは、相手を打ち負かすことではなく心を開くことを学んだことです。飛行機が墜落し、ビルが崩れて亡くなった人々のことが伝えられましたが、仕事上の自慢話をした人は皆無だったのには胸を打たれます。それまでいくらお金を儲けたと自慢した人はいませんでした。人々は次から次へと自分がいかにいい夫、いい父親だったかを語りました。また、妻、母親、友人がいかに大事な存在だったかを告げました。コミュニティーはどんな貢献をしたかを語った人もいます。また恩を受けるよりも相手に尽くしたと語った人もいたそうです。この人々のように私たちが大いなる敬愛と賞賛を込めて語り継がれるには愛を私たちの生活の中心におかなければなりません。ジャクソン・ブラウンの歌（訳者注：Daddy's Tune）は的確にそのことを伝えています。「何も残らない。残るのは私たちの生き方」。

私はテロリストの脅威に怯えたくありません。アメリカ人の信仰している例外論（訳者注：合衆国は国々の中でも例外的立場にあり、国際法が合衆国に有益な場合を除いてそれに縛られるべきではないという主義）の考えに逃げ込むと気が楽になります。東西は海に、南北は友好国に囲まれているという地理的条件に加えて、私たちは道徳的には善人で寛容な国民だと思っているので他の国を悩ませた危険から逃れられると考えることで安心感が生まれます。しかし、その信念は跡形もなく消え去りました。
このような不安感を持つことに何かプラスがあるのでしょうか。たぶんあります。「信仰心は自己過信が終わったときに始まる」と言っておきましょう。たくさん素晴らしいことを成し遂げたとしても万能ではありません。特に重要事項については思い通りにいかないと分ったときに神にすがりたい気持ちになります。聖書では偶像崇拝はただ石や石像に祈るという問題ではなく、偶像崇拝は手作りのものを崇拝し、神ではなく人間とその頭脳を世界で高度な源泉と置き換えることだと定義しています。思い通りにならないもの――戦争と平和の問題、健康と病気、意志力ではとても変えることのできない習慣など――に直面した時、私たちは神にすがるしかありません。

20世紀初頭のアメリカは偶像崇拝の国に近い状態でした。神を信じていると言いながら、神に仕えるのではなく神を利用する傾向が強かったと思います。もし適切な言葉と適切な行動を見出せば、私たちが火、電気、原子力その他の恐るべきエネルギー源を思いのままに使えるようになったように、神も私たちの目的達成のために思い通りになると考えました。しかし、代償は高すぎたようです。9月11日、私たちの生活の中で一番大事なもの――平和、愛、生命そのもの――を持ち続けるには私たちの力ではどうにもならないことを思い知らされました。

9月11日の事件で亡くなった何千人という人の中で、数百人の人は違った状況下にありました。飛行機の乗客、そのビルで働いていた職員はテロによる攻撃を避けることが出来ませんでした。自分たちではどうにもならない出来事に巻き込まれてしまったのです。しかし、亡くなった何百人というニューヨーク市の警察官、消防士、そして、かろうじて生き延びた何百人もの同僚たちは他人の命を救うために自らの命を危険にさらしたのです。その勇気ある行動を見ると、次の答えにくい質問の解答が自ずと見えてきます。

「私たちの敵は大義が死に値すると強く信じていました。私たちに同じような大義があるでしょうか。」

悲劇が起きて6週間後、ワールド・シリーズの第一戦目がフェニックスで行われました。レイ・チャールズは国歌独唱の依頼を受けましたが、アメリカ国歌「星条旗」を止めて「美しきアメリカ」(America the Beautiful) を歌うことに決めました。しかもあまり聞くことのない3番の歌詞を歌いました。

ああ、自由の戦いを征したヒーローたちよ、
我が身より祖国を愛したヒーローたちよ、

そして、命より慈しみを重んじたヒーローたちよ。

Oh beautiful, for heroes proved
In liberating strife,
Who more than self their country loved
And mercy more than life!

この歌詞を聞いて涙が止まりませんでした。「祖国を愛し、命より慈しみを重んじた」ヒーローたちのことを思い出し、私たちは人間が利他的精神、犠牲、困っている人は他人でも助ける無欲な愛を持つことが出来ることを改めて知りました。そして、それが最も人間として求められることを。

商売、飛行機旅行、戦争、国際関係の面で言えば、9月11日の出来事で事情はガラリと変わりました。宗教が私たちの世界観を形成する非常に基本的な要素だったので宗教も同時に影響を受けました。事件に対する最初の反応は好ましいものではありませんでした。イスラム教の狂信主義者ではなくイスラム教全体の仕業だという声が沸き起こりました。イスラム教徒個人に対する暴力行為では生ぬるいとばかり、ある牧師はイスラム教を「悪の宗教」と呼びました。あるプロテスタントの牧師のテレビ番組に出演しましたが、その牧師はそのテロ攻撃で死んだ何千人の中で、キリストを信仰する者だけが天国に行けると主張しました。しかし、最初のショックや怒りが収まってくると、冷静な考え方が広まってきました。そして、私たちの悪の根源はイスラム教ではなく宗教的狂信主義者で、すべての宗教が同じ罪を犯す可能性があるのをだんだんと分かるようになりました。そして、20世紀に繁栄する可能性を秘めた宗教は「私の方法が神の道だ」と凝り固まった考えを持つのでなく、友好の手を差し伸べ、「神学的な相違があっても同じ神の道を歩みましょう」と言えるような宗教です。しかし、そのいばらの峠を越え、その段階に到達するのは長くて時間のかかるプロセスです。

しかし、なぜ、一部の人が信仰心を宗教的狂信主義にすり替えてしまうのでしょうか。おそらく自分の信仰にあまりに執着しすぎて自分たちが間違いで正しい考え方が別にあるという可能性を受け入れることができないのでしょう。彼らは自分の信念を感情でゆがめてしまいました。

イスラム教の歴史は1400年にも満たないのを思い出してください。ユダヤ教が1200年の歴史を迎えた時、占領した領地の住民を力ずくで改宗させました。キリスト教が1200年から1400年の歴史を迎えた時、十字軍の殺戮から宗教裁判の拷問へとすこし穏健になりました。それは、世界宗教は絶対的真実を有していると信じる青春期を卒業しなければならないからです。青春期を経験するというのは、若者と同じように自信のなさの表れなのです。世界宗教の団体が管轄下になる一握りの異端者に対してパニックになるのでしょうか。そうなるのなら、それは、成熟度が足りないからです。

実のところ、キリスト教徒とユダヤ人がお互いに交流を深めたのはこの50年の間で、相手の神学理論を否定するのではなくお互いを学ぶように努力するようになりました。１９４０年代、１９５０年代に私のいたブルックリンで、ラビで私の先生はアメリカのユダヤ人のコミュニティーの全国に統括する指導者でしたが、気軽につき合えるキリスト教の牧師はひとりもいなかったと思います。その当時、カトリックの神父は「誤りに権利はない」と主張して、教区民にカトリック以外の礼拝に出席するのを禁止しました。その当時、ラビと牧師はお互いの信仰について語るとき、信仰に自信を持って相手と接するのではなく、いかに相手が間違っているのかを議論の対象にしました。あれから十年後、神は全ての神の子を包み込む大きな心を持っているのがわかるようになりました。そして、イスラム教も将来そのプロセスに組み入れられると信じても不思議はありません。

9月11日の事件が人々の信仰に与えた影響について考える時、そこにはある未解決の問題があります。「神はどこにいるのでしょうか」、「神はなぜこれだけの罪のない人々を惨死させるのでしょうか」。テロ攻撃の後、この質問を何度もぶつけられました。その時、神は決して人生は平等だと約束しているわけではない、と解答しました。今も同じ思いです。罪のない人の苦しみと死は9月11日のずっと以前に私たちの世界に影を落としていました。私たちが世界の痛みと不公平に直面するとき、神は「一人で事に当たらなくても良い、一緒に歩もう」と約束されました。

生きてきたからには意義のある人生を送りたいと望んでいますか。意義のあるというのは、何を成し遂げるかではなく、私たちが神に愛され、身近な人に愛されるかどうかということにつきます。愛があっても痛み、自分の死、愛する人の死は免れられません。しかし、愛があれば、逃(のが)れられないにしても、もっと強く生きることができます。それで、よしとしましょう。

旧版あとがき

本書の原著は、アメリカ合衆国のマサチューセッツ州に住むラビ（ユダヤ教の指導者、学者、教師）ハロルド・S・クシュナーの著書 Living a Life That Matters (Anchor Books, 2002) である。著者が日本で最初に紹介されたのは、本書の中にも登場する When Bad Things Happen to Good People『なぜ私だけが苦しむのか――現代のヨブ記』（岩波書店、１９９８年、「岩波現代文庫」、２００８年復刊）という本で、三歳のときに早老症（progeria）という病魔に侵され、十四歳と二日で死んだ息子のアーロンに捧げた本である。

著者の視点で一貫として流れているのは自分も悩める人と同じ立場に立ち、決して高いところから見下ろして、「～しなさい」「～してはならない」というスタンスをとっていないところである。

著者は旧約聖書を教典とするユダヤ教のラビなので、旧約聖書を核にして話を展開させている。

ヨブ記から、箴言から、イザヤ書から、創世記から、果ては、多彩な映画から、（古典）小説から、戯曲からなど、実に、さまざまな言葉、エピソードを交える、見事な論理と高い感性を、きっと読者の方も感じられると思われる。

特に旧約聖書に登場するヤコブは人間の善と悪との内なる戦いの典型例として繰り返し登場する。ちなみに、イスラエルの語源は創世記32節25章～29節にもある通りヤコブが神に与えられた名前に由来するものである。著者は人間であることは100パーセント善であることはありえなく、必ず悪が潜んでのではないだろうかと主張する。そして「生きる」とは、内なる善と悪の葛藤だと説いているが、ユダヤ教にしてもキリスト教にしてもこのような人間の複雑性、矛盾を認めるのは非常に珍しいのではないだろうか。宗教者としての心の広さ、正直さを見せる著者は稀有な存在である。

第二章の「ヤコブの梯子」は英語でJacob's Ladderと言い、ヒューイ・ルイス・アンド・ザ・ニュースが歌う曲の題名ともなり、また映画のタイトルにもなるくらい有名である。

第五章に登場する、本書のキーワードにもなっている「インテグリティ」であるが、英語ではa man of integrityとしてよく用いられ、英和辞典では「誠実な、高潔な人」などという訳が見うけられるが、著者も言うように「自分を欺かない、他人を欺かない、本音と建て前が一致している人」

という意味であり日本語ではどういうわけか一語で表す言葉がないようである。

日本人にとってキリスト教、ユダヤ教（あるいはイスラム教）が広く受け入れられない理由の一つに絶対性がある。結婚式は教会で行い、葬式はお寺で挙げ、初詣は神社に行くことを何とも思わない日本人には厳しい戒律、唯一絶対の神などの考え方は馴染まないのは当然だと思われる。しかしクシュナー氏の見方は、人間の悪なる部分を認める点で非常にユニークである。人間の持っている悪を糾弾するのではなく、悪は人間のさがで、人間である証しだとする清濁併せ呑む考え方は、日本人にも広く受け入れられるに違いないであろう。

最後の章、「9月11日以降、世界はどのように変わったか」は2002年版に追加執筆されたものである。

今の人生をこれからの将来に向けて、今一度、「他人の中に生きる自分」を見出し、「世の中を少しだけよくして」この世を去りたいと願うものである。

本書を世に送り出し、日本語版への序文をいただいた、著者のラビ・クシュナー氏に絶大なる拍手を送りたい。

なお、本文の聖書引用については『聖書 新共同訳』によった。

最後にこの素晴らしい本の翻訳に携われたことは、訳者にとってこの上もなく幸運なことであった。また日本語版への序文の依頼で、お世話になった聖公会出版(2016年解散)の編集部の長塚望さんに感謝する次第である。

2005年5月

小西康夫

著訳者紹介

ハロルド・S・クシュナー

1935年、ニューヨークのブルックリン生まれ。コロンビア大学を卒業。1972年に神学校で神学博士の称号を受け、以来、6つの名誉博士を与えられ、クラーク大学で教鞭をとり、1995年には、ローマ・カトリック教会協議会から、過去50年間に「世界をよくした人物50人」に選ばれている。現在、マサチューセッツ州ナティックのテンプル・イスラエルのラビである。

著書に、1981年ベストセラーになった、When Bad Things Happen to Good People『なぜ私だけが苦しむのか』(岩波書店、1998)があり、14ヶ国語に訳され、感動を与えた。他に When Children Ask About God (Schocken Book, 1971)、クリストファーメダル賞を受けた When All You've Ever Wanted Isn't Enough (Simon & Schuster, 1986)、Who Needs God (Simon & Schuster, 1989) などがある。

『現代のアダムとエバへのメッセージ――家族・男女のきずなの新しいとらえ方』(サンパウロ、2006)、『私の生きた証はどこにあるのか――大人のための人生論』(岩波書店、2017)、『恐れを超えて生きる』(春秋社、2017)

小西康夫(こにし・やすお)

1949年、大阪生まれ。英知大学、上智大学卒業、上智大学大学院言語学専攻博士課程前期修了。英語検定準1級面接委員、英語検定問題作成委員を歴任。

現在、東洋大学名誉教授。

著書に『喜怒哀楽英語表現事典』(北星堂書店)、『英会話スーパーレッスン30分』(アルク)。訳書に『英語適語適用辞典』、『絵で読むイディオム英語表現事典』(共に北星堂書店)など多数。

人生の8つの鍵　ユダヤの知恵に聴く!

2021年08月20日 初版発行

著　者 ―― ハロルド・S・クシュナー
訳　者 ―― 小西康夫
発行者 ―― 安田正人
発行所 ―― 株式会社ヨベル　YOBEL、Inc.
〒113－0033 東京都文京区本郷4－1－1　菊花ビル5F
TEL03－3818－4851　FAX03－3818－4858
e-mail: info@yobel. co. jp

装丁 ―― ロゴスデザイン・長尾 優
印刷 ―― 中央精版印刷株式会社

配給元―日本キリスト教書販売株式会社(日キ販)
〒162－0814　東京都新宿区新小川町9－1
振替 00130－3－60976　Tel 03－3260－5670

ISBN978－4－909871－51－0 C0014

ヨベルの既刊書（税別）

アルノ・グリューン著　村椿嘉信訳　**従順という心の病い**　私たちはすでに従順になっている

勇気、心、開かれた思考をもって、従順とたたかう　従順は破壊的である。従順は、思考を囲い込み、現実を否定する。現実の全体を、権力者のその場限りの短絡的な視点を反映するものに制約したり、囲ったりすることはできない。よりよい世界は、失われた楽園を実現しようとするファンタジーではない。

反響！　3版　四六判・一二〇頁・八〇〇円　ISBN978-4-907486-42-6

アルノ・グリューン著　村椿嘉信、松田眞理子共訳　**私は戦争のない世界を望む**

戦争は避けることができる。スイスの心理学者アルノ・グリューンは、「それは、私たちが考える以上に簡単なことだ」と主張する。私たちが〈共感すること〉を捨てない限り、〈平和への夢〉を持ち続ける限り、戦争を阻止することは可能である、と。待望の邦訳出版！

四六変型判・一九六頁・九〇〇円　ISBN978-4-946565-83-0

ぎのわん集会代表　村椿嘉信　**荒れ地に咲く花**　生きること愛すること

混沌とした時代にあって、社会のさまざまな問題と関わりながら、どのように生きるべきなのか。「知恵」には限界があり、イエスは「愛すること」が決定的に重要だと指摘した。私たちは、愛することによって、荒れ地に花を咲かせることができる。

四六変型判・一六〇頁・一二〇〇円　ISBN978-4-909871-43-5

わたしはヨーロッパ思想史を研究しているうちに、そこには人間の自己理解の軌跡がつねにあって、豊かな成果が宝の山のように、つまり宝庫として残されていることに気づいた。その結果、思想史と人間学を結びつけて、人間特有の学問としての人間学を探究しはじめた。こうしてこれまでの哲学的人間学よりも広い射程をもつ文化的な人間学を確立すべく努めてきた。歴史はこの助走路である。……人間が自己自身を反省する「人間の自覚史」も同様に人間学を考察する上で不可欠であって、哲学・道徳・宗教・文芸において豊かな宝の山となっている。わたしは哲学のみならず、宗教や文芸の中から宝物を探し出したい。（本書より）

岡山大学名誉教授 **金子晴勇** **キリスト教思想史の諸時代**［全7巻別巻2］

Ⅰ ヨーロッパ精神の源流［既刊］
Ⅱ アウグスティヌスの思想世界［既刊］
Ⅲ ヨーロッパ中世の思想家たち［既刊］
Ⅳ エラスムスの教養世界［次回配本・編集中］
Ⅴ ルターの思索［第5回配本］
Ⅵ 宗教改革と近代思想［第6回配本］
Ⅶ 現代思想との対決［第7回配本］
別巻1 アウグスティヌスの霊性思想［第8回配本］
別巻2 ヨーロッパ精神の源流［第9回配本］

新書判・平均二六四頁・一二〇〇円

Ⅰ ISBN978-4-909871-27-5
Ⅱ ISBN978-4-909871-33-6
Ⅲ ISBN978-4-909871-34-3

ヨベルの既刊書（税別）

デニス・アレクサンダー著　小山清孝訳　創造か進化か　我々は選択せねばならないのか

進化論は聖書と衝突するか!?　科学と信仰の親密な関係を構築・再考する最良の手引き書。キリスト教信仰と相容れないとされてきた〈進化〉が、……神の創造の業と平和的に共存できることを、ゲノム学や遺伝学など分子生物学の最先端の知識を駆使して明快に説き、欧米のキリスト教世界に新風を吹き込んだ好著。

A5判上製・五〇四頁・二八〇〇円　ISBN978-4-909871-12-1

待望の邦訳！

西南学院大学名誉教授

青野太潮　どう読むか、新約聖書——福音の中心を求めて

聖書学の常識は、信仰のヒジョウシキ。この逆説と乖離の荒海を、いざ航海。私が挑戦しているのはむしろ、少しでも新約聖書学の「常識」を日常のキリスト教信仰のなかに取り入れたい、ということです。しかしそれらふたつの「常識」は、多くの場合、厳しく相対立していますので、ことはやっかいです。

3版　新書判・二四〇頁・一一〇〇円　ISBN978-4-909871-31-2

スタンリー・ハワーワス　東方敬信訳　世界の注目を集めた「ギフォード講義」

宇宙の筋目に沿って　教会の証しと自然神学

礼拝とは神の王国を先取りする行為なのだ。自然神学に関する研究の舞台として名高いセント・アンドリュース大学「ギフォード講義」。そこに、礼拝を中心におく神学的倫理学の確立を強く説き、証しする共同体としての教会の今日的意義を熱く展開させた碩学ハワーワスによる講義！

A5判変型・四一六頁・二八〇〇円　ISBN978-4-909871-13-8